AF454409

BARBRÉ

ÉDITEUR

BOULEVARD SAINT-MARTIN

N° 12.

CHAQUE PIÈCE

20 CENTIMES

PIÈCE PAR SEMAINE.

BARBRÉ

ÉDITEUR

BOULEVARD SAINT-MARTIN

N° 20.

CHAQUE PIÈCE

20 CENTIMES

UNE PIÈCE PAR SEMAINE

MADELEINE

DRAME EN CINQ ACTES

PAR MM. ANICET BOURGEOIS ET ALBERT

Représenté pour la première fois, à Paris, sur le théâtre de l'Ambigu-Comique, le 7 janvier 1843.

PERSONNAGES	ACTEURS	PERSONNAGES	ACTEURS
M. LAMBERT, curé du village de ***	MM. SAINT-ERNEST.	ANTOINE, au service de Victor...	MM. ARISTIDE.
VICTOR DE FRANCHEVILLE	ALBERT.	Un HUISSIER du tribunal de Toulouse	BERTHOLET.
GEORGES LANDIER	CHILLY.	Mme DE FRANCHEVILLE	Mmes PASTELOT.
ANDRÉ	CH. PERREY.	MADELEINE	T. MÉLINGUE.
BAPTISTE ROUSSEL	ROCHEUX.	MARIANNE	SYLVAIN.
PIERRE	SALVADOR.	MATHURINE	RACINE.
THOMAS	ALEXANDRE.	NICOLE	ADALBERT.
AMBROISE	GILLET.		

La scène se passe de 1786 à 1789, aux environs de Toulouse, les 1er, 2me, 3me et 4me actes, au village de *** ; le 5me au château de Francheville.

Les auteurs de *Madeleine* doivent le succès de leur drame à madame TH. MÉLINGUE, qui sait à chaque création se surpasser elle-même ; à madame PASTELOT, qui, à un excellent ton de comédie, a joint une douce sensibilité ; à SAINT-ERNEST, si terrible d'ordinaire, et qui sous les traits du curé Lambert a été constamment simple, constamment *curé* ; à CHILLY, qui, par sa tenue, sa distinction, a sauvé tout l'odieux du rôle de *Georges Landier* ; à PERREY, qui par le rôle d'*André* a fait au public de l'Ambigu de touchants adieux ; enfin au parfait ensemble avec lequel la pièce est jouée chaque soir. Les auteurs de *Madeleine* adressent ici leurs remerciements à M. A. BÉRAUD, directeur de l'Ambigu-Comique ; M. BÉRAUD s'est refait auteur dramatique pour donner à ses confrères d'excellents conseils dont ils se sont empressés de profiter.

Paris, 20 janvier.

ACTE PREMIER.

Une petite cour devant la maisonnette de Marianne, qui est à gauche. Au fond, un mur à hauteur d'appui, une porte ouvrant sur la grande rue du village. A droite, petit bâtiment servant de celier. Sur le petit mur, des barres de bois autour desquelles monte et serpente de la vigne. Devant la maison, et abrité par un arbre, un banc de pierre au premier plan.

SCÈNE PREMIÈRE.

Au lever du rideau, Marianne est assise sur un banc de pierre ; elle travaille et est entourée de Nicole et des paysannes.

MARIANNE, NICOLE, Paysannes.

NICOLE, *vivement.* Ainsi, v'là qu'est bien convenu... nous allons nous habiller, et dès que nous serons prêtes, nous viendrons chercher Madeleine pour nous rendre toutes ensemble à la fête.

MARIANNE. C'est ça... (*Nicole et les paysannes remontent la scène.*) Eh bien ! dis donc, Nicole, et ton fichu ?

NICOLE. Tiens, c'est pour ça que je suis venue, et v'là que je l'oubliais.

MARIANNE, *le prenant dans son panier qui est sur le banc.* C'est Madeleine elle-même qui l'a arrangé.

NICOLE, *le mettant sur sa main et le faisant voir aux autres paysannes.* Oh ! qu'il est joli !... Comment ne pas être gentille avec ça ? Pierre en perdra la tête, c'est sûr... Vous remercierez, vous embrasserez pour moi cette bonne Madeleine, n'est-ce pas ? Je ne veux pas perdre une minute... je vais me parer. Au revoir, mère Marianne. (*Aux paysannes.*) Venez vite, vous autres, venez.

Elle sort en sautillant.

SCÈNE II.

MARIANNE, seule ; puis MADELEINE.

MARIANNE. Comme la v'là heureuse, cette petite Nicole !... Il n'y a pas bien longtemps, il n'en aurait pas fallu davantage à Madeleine pour la rendre tout aussi contente ; tandis qu'à présent... (*La porte de la maisonnette de Madeleine s'ouvre.*) La v'là ! comme elle est triste encore !... (*Madeleine entre en scène sans apercevoir sa tante. Elle se dirige vers la porte du fond ; elle s'y arrête et regarde tristement en dehors.*) Oh ! il faut que je sache... (*Elle se rapproche d'elle ; puis, l'appelant.*) Madeleine !... Elle ne m'entend pas... (*Plongée dans sa rêverie, Madeleine ne l'entend pas. Appelant de nouveau.*) Madeleine !

MADELEINE, *l'apercevant.* Ah ! c'est vous, ma bonne tante...

MARIANNE. Qu'est-ce que tu regardais donc

avec tant d'attention, que tu ne m'as pas même entendue t'appeler?

MADELEINE, *affectant un air d'indifférence et allant s'asseoir en prenant son métier à dentelle qui était sur le banc.* Rien... mais rien...

MARIANNE, *l'examinant.* T'as pleuré!...

MADELEINE. Non... vous vous trompez...

MARIANNE. Tu n'es pas franche avec moi. Tu ne m'aimes donc pas?...

MADELEINE. Ah! ma tante! moi ne pas vous aimer... après toutes les preuves d'affection que vous m'avez données et que vous ne cessez de me donner chaque jour!... N'est-ce pas vous qui, à la mort de ma mère, êtes venue à mon aide? n'est-ce pas vous qui avez soutenu la pauvre orpheline?... Si je suis une habile ouvrière en dentelle, si j'ai été mieux élevée que ne le sont d'ordinaire les jeunes filles du village, n'est-ce pas à vous que je le dois encore?

MARIANNE. C'est bien, c'est bien... parlons d'autre chose. Dis-moi, Madeleine; tu sais que madame de Francheville est arrivée à son château des Bruyères?

MADELEINE, *se remettant à travailler.* Oui, ma tante... depuis environ huit jours.

MARIANNE. Est-ce que t'as été la voir?

MADELEINE. J'attends qu'elle me fasse prévenir.

MARIANNE. D'ordinaire, sitôt arrivée, elle t'envoyait chercher... Après tout, je ne serais pas fâchée de te voir aller moins souvent au château.

MADELEINE. Pourquoi donc, ma tante?

MARIANNE. Parce que l'an dernier, c'est à peine si je t'ai vue de toute la saison... tu passais tes journées entières au château; et, si par hasard quelque occupation te retenait ici, tu étais aussi triste, aussi maussade que je te voyais joyeuse quand tu allais là-bas.

MADELEINE. Vous savez, ma tante, combien j'aime madame de Francheville! elle a toujours été si bonne pour moi!...

MARIANNE. C'est une digne dame qui te porte un véritable intérêt. J'en ai eu la preuve l'an passé, la veille de son départ.

MADELEINE. Comment?

MARIANNE. Tu la priais de t'emmener avec elle à Paris; je l'ai entendue te répondre : Non, Madeleine, non... pour être heureuse, il faut que tu restes au village... tu pourrais prendre à la ville des idées qui ne conviendraient pas à ta position... crois-moi, fais choix pour mari d'un brave et honnête garçon; je n'ai pas oublié que ta mère a nourri ma fille, et à mon retour, au printemps prochain, si tu t'es décidée, je te promets de te doter et de signer à ton contrat. T'es-tu souvenue de ces bons conseils-là? as-tu fait un choix?...

MADELEINE. Ma tante, je ne veux pas me marier...

MARIANNE. Tu ne veux pas te marier!... Écoute-moi, Madeleine, car il faut que je te dise une bonne fois toute ma pensée! Je ne sais pas faire de belles phrases comme t'en fais, je ne sais pas lire comme toi dans ces beaux livres qui, je le crains ben, te tournent l'esprit plutôt qu'ils ne t'instruisent; mais j'ai de l'expérience... j'observe... et... je gage que depuis longtemps t'as dans la tête quelque folle idée, et dans le cœur un chagrin qui s'augmente tous les jours.

MADELEINE. Ma tante, qui peut vous faire croire?...

MARIANNE. Ben des choses. Lorsque ton compagnon d'enfance, André, le petit marchand forain, à qui tu vends toutes tes dentelles, vient nous voir, tu n'es plus joyeuse, amicale, comme tu l'étais autrefois; c'est à peine si tu lui réponds. Pourtant c'est, sans contredit, le meilleur garçon du village, et il t'aime ni plus ni moins que si t'étais sa sœur.

MADELEINE. Oh! je l'aime bien aussi, moi!

MARIANNE. Et puis, c'est pas pour t'en faire un reproche, mais tu ne travailles plus autant ni aussi bien qu'autrefois. L'an dernier t'étais fraîche et rose à faire envie; et regarde à présent, t'es toute pâle et maigrie... tu évites toutes les occasions de te trouver avec tes compagnes, et lorsque le dimanche nous allons ensemble à l'église entendre la parole si grave et pourtant si douce de not' digne curé, monsieur Lambert, je te vois devenir triste et pleurer comme tout à l'heure... (*S'apercevant que Madeleine fond en larmes et se détourne pour lui dérober ses pleurs, elle la force à se retourner.*) Comme à présent encore. Oh! n'est-ce pas, Madeleine, que j'ai dit vrai? n'est-ce pas que tu souffres?

MADELEINE, *se levant.* Eh bien, oui, ma tante, un secret pèse sur mon cœur, et je vais tout vous dire.

ANDRÉ, *dans la coulisse.* C'est très-bien. Allez toujours, je vas vous rejoindre.

SCÈNE III.

LES MÊMES, ANDRÉ.

ANDRÉ. Ah! bonjour, Marianne; bonjour, mam'selle Madeleine.

MADELEINE. Bonjour, André.

MARIANNE. D'où venez-vous donc, pour être comme ça tout couvert de sueur et de poussière?

ANDRÉ, *s'essuyant le front.* Ah! dam! c'est que depuis ce matin je suis en route, et quand on a fait, tout d'une haleine, près de cinq lieues à pied...

MADELEINE, *se remettant à son ouvrage.* Vous aviez donc quelque vente de dentelle à faire au loin?

ANDRÉ. Du tout, du tout; il n'y a pas d'affaires pour aujourd'hui?

MADELEINE. Et pourquoi donc?

ANDRÉ. Comment, pourquoi? eh bien, mais est-ce que ce n'est-ce pas aujourd'hui la fête de notre village?

MADELEINE, *avec distraction.* C'est juste... j'oubliais.

ANDRÉ. Comme vous me dites ça!... Oh! je sais pourquoi vous êtes si triste!... Mais tranquillisez-vous... tout est réparé; rien ne manquera.

MADELEINE. Que voulez-vous dire?

ANDRÉ. Vous ne savez donc pas qu'il s'en est fallu d'un rien que la fête n'ait pas lieu?

MARIANNE. Non. Pourquoi?

ANDRÉ. V'là ce que c'est : Hier au soir, en sortant du cabaret pour rentrer chez lui, ce satané père Thomas, not' ménétrier, qui boit comme un musicien qu'il est, a voulu, pour abréger son chemin, prendre le sentier des Bruyères. Vous savez comme le passage est étroit : à droite un rocher à pic, à gauche un abîme qui n'a pas de fond, à ce que tout le monde croit, attendu que personne n'y est allé voir. Le père Thomas a voulu s'appuyer contre le rocher, mais au lieu de tourner à droite, il a donné à gauche.

MADELEINE. Oh! il s'est tué!

ANDRÉ. Ah! ben oui! tout étourdi qu'il était, le père Thomas a eu la présence d'esprit de se raccrocher à une pointe de rocher; mais quand on se tient suspendu comme ça à la force du poignet, ça ne peut pas durer longtemps; le père Thomas allait donc faire connaissance avec le fond du précipice, lorsque des moissonneurs, qui revenaient de la plaine, entendirent ses cris et arrivèrent à temps pour le hisser sur la terre ferme. Il en sera quitte pour la peur, le brave homme... et un bras démis...

MARIANNE. Si ça pouvait le corriger encore.

ANDRÉ. Vous comprenez qu'il ne lui était plus possible de faire aller son archet, et dans tout le village il n'y avait que lui pour jouer du violon, pas moyen de le remplacer; fallait voir l'embarras, le désappointement de tout le monde... On parlait beaucoup et on ne décidait rien; enfin la fête allait être remise... alors j'ai pensé à vous, Madeleine.

MADELEINE. A moi?

ANDRÉ. Oui, je me suis souvenu que l'an dernier, à pareil jour, le temps était devenu tout à coup si mauvais, qu'il avait été impossible de danser sous les grands arbres de l'avenue du château, et que vous en aviez eu tant de chagrin que vous en aviez pleuré...

MADELEINE, *retournant à son travail.* Mais du tout!

ANDRÉ. Oh! si fait, je l'ons bien remarqué!... Donc, en voyant le temps si beau et les préparatifs si superbes, je me suis dit : elle aurait encore plus de regrets que l'année dernière, il ne faut donc pas que la fête manque. Je savais trouver à Flavigny des musiciens de ma connaissance; sans perdre de temps, je me suis mis en route, j'ai été les chercher; je les ai ramenés, et la fête va avoir lieu... Ah çà, est-ce que vous n'allez pas laisser là vot' ouvrage et vous préparer?... Il faut même vous dépêcher; les mamans s'habillent, les papas s'attablent... les garçons invitent leurs danseuses... et attendu que du village vous êtes la plus jolie, je me suis dit : André, mon garçon, faut être le plus leste, et je suis arrivé le premier... Je suis un peu époufflé comme ça, mais c'est égal, avec vous j'aurai le jarret solide... Je vous invite donc pour la prem'ère, sans compter les autres.

MADELEINE. Je vous remercie, André; je n'irai que tard à la fête, je ne sais même pas si je danserai.

ANDRÉ, *vivement.* Oh! c'est pas possible!

MADELEINE, *allant au fond.* Je ne me trompe pas... c'est Baptiste Roussel qui revient du château.

ANDRÉ, *à Marianne.* Est-ce que vous souffrirez ça, dame Marianne?

Madeleine a remonté la scène et arrête un paysan qui passe au fond en portant des paniers; elle lui parle bas.

MADELEINE. Eh bien Baptiste, quelles nouvelles?... Tu as vu madame de Francheville?

BAPTISTE. Oui, mamselle, et même, sur la recommandation de monsieur Georges son cousin, elle m'a promis une place de piqueux; joli emploi, pas fatigant, rien à faire... puis, c'est un pied dans la maison.

MADELEINE. Tu n'as rien à me dire de la part de madame la baronne?

BAPTISTE. Non, mamselle, rien!

MADELEINE, *après une légère hésitation.* Il n'y avait personne autre au château?

BAPTISTE. J'n'ons vu personne autre que madame.

MADELEINE. C'est bien, mon ami, je te remercie.

BAPTISTE. Il n'y a pas de quoi. Au revoir, mamselle.

MADELEINE. Au revoir, Baptiste.

Pendant que Madeleine a parlé avec Baptiste, André s'est rapproché de Marianne; il doit par une pantomime faire comprendre au public qu'il cause avec elle du refus que vient de lui faire Madeleine.

ANDRÉ, *bas, à Marianne.* Vous la déciderez, n'est-ce pas?

MARIANNE. Oui, je vais lui parler.

MADELEINE, *à part, avec abattement et se soutenant à peine.* Rien!

MARIANNE, *courant à Madeleine.* Madeleine!... mon enfant!

MADELEINE, *s'asseyant tristement sur un siége.* Est-ce donc là le prix de tant d'amour?

Elle cache sa tête dans ses mains.

ANDRÉ, *allant à elle.* Elle pleure, dame Marianne!... (*A Madeleine.*) Voyons, voyons, qui est-ce qui vous a fait de la peine?... c'est t'y ce mauvais sujet de Baptiste? Jour de Dieu! si je le savais... j'suis pas gros, mais j'suis tout nerf, et je...

MADELEINE. Non, ce n'est rien... je... (*A part.*) Oh! rentrons! mes larmes m'étouffent et me trahiraient!

Elle s'enfuit dans sa chambre.

ANDRÉ, *à Marianne*. Qu'est-ce qu'elle a donc?

MARIANNE. Je le saurai!... Va toujours à la fête, je t'y rejoindrai avec elle.

Elle entre dans la chambre de Madeleine.

SCENE IV.

ANDRÉ, *puis* GEORGES.

ANDRÉ, *seul*. La fête!... j' sais pas!... V'là que moi aussi j'ai pas envie d'y aller.

GEORGES, *entrant, et apercevant André*. Ah! j'étais bien sûr de vous trouver ici, maître André.

ANDRÉ, *ôtant son chapeau*. Vot' serviteur, monsieur Georges... Comment, vous me cherchiez?

GEORGES. Je viens de passer chez vous, et ne vous trouvant pas, je me suis dirigé vers la demeure de la jolie Madeleine, où j'étais presque certain de vous rencontrer. Ah ça, mais où est-elle donc, cette perle du pays?

ANDRÉ. Dans la maison, là, avec sa tante.

GEORGES. Ah! fort bien; je suis aise de vous voir seul... J'ai à vous parler, André.

ANDRÉ. A moi, monsieur?

GEORGES. Oui... et j'arrive franchement au fait : vous aimez Madeleine?

ANDRÉ, *étonné*. C'te question!

GEORGES. Voyons, répondez.

ANDRÉ. Si je l'aime! après Dieu, je n'aime qu'elle!... je n'ai jamais connu ma famille, c'est pour moi une mère... une sœur, enfin tout!

GEORGES. Vous aimez Madeleine autrement qu'on aime une sœur... vous l'aimez d'amour.

ANDRÉ. Vous croyez?

GEORGES. J'en suis sûr.

ANDRÉ. Au fait, c'est peut-être bien possible.

GEORGES. Et, si l'on vous séparait d'elle...

ANDRÉ. Hein! qu'est-ce que vous dites donc?

GEORGES. A son âge, et jolie comme elle, on ne manque ni d'amoureux ni d'épouseurs.

ANDRÉ. Oui, vous avez raison, un autre que moi pourrait... Tenez, v'là que la jalousie me galope!

GEORGES. Vous voyez donc bien que j'avais raison, André... vous êtes amoureux.

ANDRÉ. Oh! oui, je le suis, et furieusement encore... Mais pourquoi que vous me dites tout ça?

GEORGES. Pourquoi, André?... parce que vous êtes un brave et digne garçon; parce que madame de Francheville, qui porte une vive affection à Madeleine, et qui vous veut du bien aussi, m'a chargé de vous faire connaître les généreuses intentions qui l'animent pour vous.

ANDRÉ. Pour moi?

GEORGES. Voyons, si madame de Francheville vous disait : André, vous aimez Madeleine; le jour de votre mariage avec elle, je vous donnerai mille écus... que répondriez-vous?

Ici madame de Francheville paraît au fond.

ANDRÉ. Ma foi, je dirais : Merci, madame la baronne, je prendrais Madeleine toute seule, mais les mille écus ne gâtent rien.

SCÈNE V.

LES MÊMES, MADAME DE FRANCHEVILLE.

MADAME DE FRANCHEVILLE. Vous les recevrez en signant votre contrat.

ANDRÉ, *surpris*. Madame de Francheville!

MADAME DE FRANCHEVILLE. Je m'intéresse à Madeleine; je lui voulais choisir un époux digne d'elle... vous la connaissez depuis son enfance...

ANDRÉ. Et je l'aime depuis qu'elle est au monde... Oh! madame la baronne, il me semble que je suis fou! je ne suis pas bien sûr d'être éveillé... Mais Madeleine sait-elle?...

MADAME DE FRANCHEVILLE. Je viens ici pour lui parler de ce projet de mariage, et je...

ANDRÉ. Attendez un brin, madame la baronne, attendez que je sois parti... si on lui demandait de m'épouser, là, en ma présence, ça la gênerait peut-être pour répondre, et je ne veux pas qu'on la force... D'un autre côté, si elle refusait, si je l'entendais dire non... je me connais, je ne pourrais pas m'empêcher de pleurer... et, pour un homme, ça serait humiliant... Je vais vous attendre là-bas, dans l'avenue du château... et je dis que le cœur va me battre... (*Fausse sortie, et revenant entre Georges et la baronne.*) Oh! j'oubliais de vous remercier de vos mille écus... je ne les refuse pas, au contraire... mais voyez-vous, je donnerais mes économies, ma petite pacotille, tout ce que je possède enfin, pour que Madeleine dise oui.

GEORGES. Allez, mon ami, comptez sur nous.

ANDRÉ. Merci, monsieur Georges... Tenez, je ne vous aimais guère, je dirai même que je ne vous aimais pas du tout; mais à présent, s'il fallait me faire tuer pour vous, j'irais tout de suite... En attendant, j'vas dans la grande avenue.

Il sort.

SCÈNE VI.

MADAME DE FRANCHEVILLE, GEORGES.

GEORGES. Nous avons rempli la moitié de notre tâche, mais le plus difficile nous reste à faire encore; il vous faudra, ma chère cousine, du sang-froid et de la fermeté.

MADAME DE FRANCHEVILLE. Ne croyez pas que j'en manque.

GEORGES. Je vous le répète : Victor est éperdument amoureux de Madeleine; la lettre qu'à mon départ de Paris il m'a donnée pour elle est plus passionnée encore que toutes celles que nous avons si heureusement interceptées. Ne donnons pas à Victor le temps d'arriver, car s'il retrouvait Madeleine libre, rien au monde ne l'empêcherait de tenir la promesse qu'il lui a faite, il l'épouserait...

MADAME DE FRANCHEVILLE. Lui! le fils du baron de Francheville!

GEORGES. Vous savez, ma chère cousine, que les Francheville n'obéissent d'ordinaire qu'à l'impulsion de leur cœur. Pauvre et orpheline, vous étiez loin de rêver un brillant avenir. Le baron de Francheville était resté veuf à quarante ans; il n'avait qu'un fils dont la santé déplorable lui faisait redouter de voir bientôt s'éteindre son nom; le hasard vous fit connaître M. de Francheville à Toulouse; il vous aima, et vous eûtes bientôt le titre de baronne. Il y a trois ans, il mourut, laissant à vous et à votre fille, née de cette seconde union, la moitié de son immense fortune; aux termes de son testament, l'autre partie de l'héritage appartient à son fils, mais vous doit revenir si Victor descend dans la tombe sans laisser après lui d'héritiers directs, et si jusque-là vous n'avez pas contracté de nouveaux nœuds. L'année dernière les médecins consultés par nous, ont déclaré que le jeune Francheville, atteint d'une affection mortelle, n'avait plus que peu de temps à vivre. Dieu nous garde de désirer le prompt accomplissement de cette sinistre prophétie! mais Dieu nous garde aussi de laisser une étrangère se placer entre Victor et vous! Nous ne souffririons pas qu'un hymen de quelques jours peut-être détruise notre espérance et vos droits. J'avais à dessein encouragé l'amour de Victor pour Madeleine, car il devait éloigner de lui toute pensée de mariage. Mais ce que je croyais ne devoir être qu'un caprice est devenu une véritable passion, et il faut à tout prix étouffer cet amour romanesque que j'ai si imprudemment excité.

MADAME DE FRANCHEVILLE. Madeleine n'a pu croire qu'elle serait un jour baronne de Francheville; vous vous exagérez les difficultés que nous aurons à vaincre.

GEORGES. Puissiez-vous dire vrai! Quoi qu'il arrive, je vous jure que Madeleine ne sera pas un obstacle, car il est un amour plus fort, plus opiniâtre que celui qu'elle a pour Victor, et cet amour...

MADAME DE FRANCHEVILLE, *souriant*. Ne s'est pourtant révélé que pour la riche veuve de M. de Francheville.

GEORGES, *avec douceur*. Pouvais-je prétendre à vous lorsque, avocat obscur, je n'avais que la médiocrité, la misère peut-être à vous offrir?... J'ai dû tout sacrifier à votre bonheur.

MADAME DE FRANCHEVILLE, *avec trouble*. Taisez-vous, Georges... (*Avec fermeté.*) Sans ambition pour moi-même, je veux préparer un avenir noble et grand pour ma fille; je veux qu'elle ait tout entier l'héritage de son père; et comme vous, je jure que Victor n'en dépouillera pas mon enfant.

GEORGES. Silence... Voici Madeleine.

SCÈNE VII.

LES MÊMES, MADELEINE.

MADELEINE, *entrant, à part*. C'était bien la voix de M. Georges. Victor est arrivé. (*Apercevant madame de Francheville.*) Ah! madame la baronne.

GEORGES. Oui, Madeleine, madame la baronne, qui sait tout; madame la baronne, qui vient au nom de Victor...

MADELEINE. De Victor!

GEORGES. Vous parler le langage de la raison et de la vérité.

MADAME DE FRANCHEVILLE. Je devrais peut-être vous reprocher une imprudence qui a failli compromettre sérieusement l'avenir de M. de Francheville, mais en vous voyant si pâle et si tremblante, je ne peux plus que vous plaindre et vous consoler; Victor, un moment entraîné par l'amour que vous lui aviez inspiré, vous avait fait une promesse qu'il lui était impossible de tenir.

GEORGES. Victor a compris ce qu'il devait à son rang, au nom qu'il porte, et, à grand'peine sans doute, il a résolu de rompre violemment avec le passé; ceci vous explique le silence qu'il a gardé avec vous tout cet hiver. Il n'a fait à madame de Francheville l'aveu de son amour pour vous que lorsqu'il s'est senti assez fort pour en triompher. Décidé à ne plus vous voir, c'est à nous qu'il a confié la pénible mission.

MADELEINE. Il ne m'aime plus, lui... Victor!.. Ah! vous me trompez.

MADAME DE FRANCHEVILLE, *avec sévérité*. Madeleine!

MADELEINE. Ah! pardonnez-moi, madame la baronne... oui, j'étais folle de croire à cet amour, j'étais folle de croire qu'un serment fait à une pauvre fille devait être sacré. Pardonnez-moi, mais je l'aime et je mourrai de son abandon. Il n'y a qu'un instant, là, dans cette chambre, j'ai tout dit à ma tante... Comme vous, elle me blâmait d'un amour trop au-dessus de ma condition... mais elle pleurait avec moi... Ah! je suis si malheureuse!... si vous saviez comme il semblait m'aimer, lui! Je n'ai que toi, disait-il; quand je souffre, ta voix seule calme mes douleurs; quand de sinistres pressentiments me montrent une tombe ouverte avant l'âge, ta vue éloigne ces sombres pensées; je crois à la vie, au bonheur; car ma vie, mon bonheur, c'est toi. Et il fallait ne pas le croire, il fallait douter de son honneur, il fallait ne pas l'aimer surtout... voilà ce que vous me demandez : Victor vous oublie... Victor manque à ses serments; manquez aux vôtres, me dites-vous, oubliez-le... Ah! madame... ordonnez-moi de mourir, je suis prête, mais l'oublier, lui, oh! jamais, jamais!

Elle tombe aux genoux de la baronne.

MADAME DE FRANCHEVILLE, *bas, à Georges*. Je sens ma résolution faiblir.

GEORGES, *de même*. Songez à votre fille.

MADAME DE FRANCHEVILLE, *relevant Made-*

leine. Je comprends tout ce que vous devez souffrir, Madeleine (*avec hésitation*) et je veux, autant que cela dépendra de moi, assurer votre repos. Il vous faut un appui contre vous-même... et pour cela, il faut mettre entre Victor et vous une barrière insurmontable. J'ai fait choix pour vous d'un mari.

MADELEINE. D'un mari !

MADAME DE FRANCHEVILLE. Oui. André vous aime sincèrement, je lui ai promis d'obtenir votre consentement et celui de votre bonne tante, qui, j'en suis sûre, ne me désapprouvera pas... Réfléchissez, Madeleine... vous ne pouviez conserver l'espoir d'être un jour la femme de Victor, et vous avez au cœur des sentiments trop purs, trop élevés pour consentir à n'être pour lui que l'objet d'un caprice... (*Mouvement de Madeleine.*) Croyez-moi .. le bonheur ne vous manquera pas quand le devoir sera rempli... Faites donc que je reporte à ce bon André, qui attend votre réponse, des paroles de joie... un seul mot, et dès demain nous signons le contrat... En attendant, Madeleine, comme gage de mon amitié, acceptez cette dot... et fiez-vous à moi du soin de votre avenir.

Elle lui offre un portefeuille que Georges a tiré de sa poche. Madeleine, qui est restée immobile pendant que madame de Francheville lui parlait, relève la tête et lui dit avec une expression froide et pleine de dignité, en repoussant doucement sa main.

MADELEINE. Ah! madame!... si vous avez été jusqu'à ce jour bonne et généreuse pour moi... je crois vous donner une bien grande preuve de reconnaissance en ne vous adressant pas même un reproche à l'instant où vous me méconnaissez si cruellement... Pour être bien certaine que je ne chercherai plus à voir M. Victor, il n'est point nécessaire de vouloir acheter ma vie... de me jeter aux bras d'un autre qu'il me faudrait épouser sans amour, qu'il me faudrait tromper, comme on m'a trompée, moi!... Je ne suis qu'une pauvre ouvrière, pourtant j'ai ma fierté aussi... Madame, laissez-moi ma misère et ma douleur, mais ne cherchez pas à m'enlever le peu d'estime que je puis encore avoir de moi-même !

MADAME DE FRANCHEVILLE. Je me retire, Madeleine... Le calme, je l'espère, vous fera mieux rendre justice à mes intentions.

GEORGES, *bas, à Madame de Francheville.* Elle cédera.

MADAME DE FRANCHEVILLE, *avec douceur à Madeleine.* Nous nous reverrons ce soir ; ce soir je parlerai à votre tante... nous triompherons d'un amour insensé, qui maintenant deviendrait coupable, car il ne vous conduirait qu'au déshonneur.

Ils sortent. Madeleine fond en larmes.

SCÈNE VIII.

MADELEINE, *puis* ANDRÉ.

MADELEINE, *seule.* A présent qu'ils ne sont plus là, je n'ai plus besoin de me contraindre, je puis pleurer... La faute que j'ai commise est donc bien grande, mon Dieu, puisque vous me frappez si cruellement!... Oh! venez-moi en aide, prenez-moi en pitié...

André entre et s'arrête sur le seuil de la porte.

MADELEINE *se retourne et aperçoit André.* Ciel! André!...

André est triste et tremblant ; puis il s'approche par degrés de Madeleine en lui disant d'une voix émue :

ANDRÉ. Oui... c'est moi... Je viens de voir madame la baronne, qui sortait d'ici... C'est donc vrai, mamselle Madeleine, vous ne voulez pas de moi pour votre mari ?... Je sais bien que je ne suis ni beau ni spirituel, mais je vous aime tant que j'espérais... Ce matin, quand madame de Francheville m'a dit : « Madeleine sera ta femme, » j'ai cru que je deviendrais fou, de joie, de bonheur!... Et puis, quand tout à l'heure, en s'en allant, elle m'a annoncé que vous me refusiez... mon

pauvre cœur s'est serré si fort... si fort! que j'ai cru que j'allais en mourir !

MADELEINE. André !

ANDRÉ. Enfin j'ai tâché de me faire une raison ; j'ai compris que les sentiments ne se commandent pas, que j'avais beau vous aimer, ce n'était pas une raison pour que vous m'aimiez, vous... et puis une autre idée m'est venue aussi... et celle-là était si triste, que, pour sortir de l'inquiétude dans laquelle je me trouvais, j'ai voulu venir à vous tout de suite. Si je ne puis pas avoir vot' amour, mamselle Madeleine, je tiens au moins à ce que vous me conserviez l'estime qu'on a toujours pour un honnête homme.

MADELEINE. Et qui pourrait vous faire croire?...

ANDRÉ. C'est que madame de Francheville m'avait dit : « En te donnant Madeleine, André, je me charge aussi de sa dot, » et comme jusqu'à ce jour je ne vous avais pas ouvert mon cœur, je voudrais que vous fussiez bien certaine que c'est pas l'intérêt...

MADELEINE. André... André... je vous connais trop bien pour avoir une semblable pensée! Un digne et brave garçon comme vous l'êtes ne peut manquer d'être aimé, et une autre que moi.

ANDRÉ. Une autre... Oa! non, mamselle, ne le croyez pas!... Si on ne peut pas commander à l'amour de venir, on ne peut pas non plus lui dire de s'en aller, et celui qui est là, voyez-vous, y restera toujours... Puisque vous ne pouvez être ma femme, je vous jure bien que jamais je ne serai le mari d'une autre!

MADELEINE, *lui tendant la main.* Bon André!... oh! si je ne puis vous donner l'amour d'une femme, j'aurai du moins pour vous l'amitié d'une sœur. André, voulez-vous être mon frère ?

ANDRÉ, *pleurant.* Ce n'est pas tout à fait la même chose... Cependant, entre frère et sœur, quand on s'aime bien, il doit y avoir encore du bonheur! Oui, Madeleine, j'accepte... Je serai votre frère!...

Il lui baise la main. Moment de silence, pendant lequel ils essuient les larmes qui coulent de leurs yeux.

ANDRÉ. A présent, j'ai le droit de veiller sur vous, de vous protéger contre qui voudrait vous faire malheureuse ; à présent, je dois avoir ma part dans vos secrets, dans vos chagrins.

MADELEINE. Oui, André ; et je vais dire à mon frère ce que je taisais tout à l'heure à l'homme qui demandait ma main. Si j'ai refusé d'être votre femme, André, c'est que j'aime...

ANDRÉ. Un autre que moi !

MADELEINE. Un autre qui m'avait juré de m'aimer toujours, et qui maintenant me trahit, m'abandonne !

ANDRÉ. C'est impossible!...

MADELEINE. Comment!

ANDRÉ, *avec enthousiasme.* Non, non, Madeleine, quand on vous a aimée une fois, c'est pour toujours... J'en suis sûr, je le sens bien, allez !

MADELEINE. André !

ANDRÉ, *comprimant tout à coup cet élan de chaleur.* Oh! pardon, v'là que je vous reparle encore de... c'est que, voyez vous... je ne suis pas encore habitué à ne vous aimer que comme un frère... Mais soyez tranquille, avec le temps... ça viendra... Mais cet homme, qui est-il? comment s'appelle-t-il?

MADELEINE. Victor de Francheville.

ANDRÉ. Lui! un baron! .. Madame de Francheville ne sait donc rien?

MADELEINE. Elle sait tout.

ANDRÉ. Et elle voulait que vous m'épousiez!... Oui, je comprends... c'est comme ça qu'on agit avec nous autres... Oh! ça ne peut pas se passer comme ça ; et puisque, tout infidèle qu'il est, vous l'aimez encore, cet homme... j'irai le trouver à Paris ; je lui dirai... Je ne

sais pas trop ce que je lui dirai... c'est égal, j'irai toujours !

MADELEINE. Et je vous accompagnerai, André?

ANDRÉ. Vous!

SCÈNE IX.

LES MÊMES, MARIANNE.

MARIANNE, *entrant et s'arrêtant au fond.* Qu'entends-je!

MADELEINE. Oui, car s'il faut vous avouer jusqu'où va ma faiblesse, malgré ce qu'on m'a dit, quoique tout semble accuser Victor... le doute s'es glissé dans mon âme... une voix secrète me dit : « Espère, il t'aime toujours! »

ANDRÉ, *à part.* Qu'il est heureux !

MARIANNE, *à part.* Pauv' fille !

MADELEINE. Vous vous taisez, André ; vous n'approuvez donc pas...

ANDRÉ. Si, Madeleine, seulement, il faut prendre garde... ne rien dire à personne. Nous partirons ce soir pendant la fête.

MARIANNE, *venant se placer entre eux.* Tu ne partiras pas, Madeleine.

ANDRÉ. Comment!

MADELEINE. Pourquoi?

MARIANNE. Parce que madame de Francheville n'a pas osé te dire toute la vérité.

MADELEINE. Comment?

MARIANNE. En allant chez M. le curé, auquel j'ai appris tout ce que tu m'avais confié... j'ai rencontré madame de Francheville... Elle m'a dit...

MADELEINE. Elle vous a dit comme à moi que Victor ne m'aimait plus.

MARIANNE. Elle m'a dit...

MADELEINE. Quoi donc?...

MARIANNE. Qu'il était marié !

MADELEINE. Marié ! marié !... (*Elle jette un cri et tombe presque évanouie dans les bras de sa tante*). Je n'ai plus qu'à mourir !

Bruit dans la coulisse.

ANDRÉ. Madeleine !

MARIANNE. Mon enfant !

On entend le son de la musette et du violon.

ANDRÉ. Remettez-vous ; v'là toute la jeunesse du village... On vient vous chercher ; allons, renfoncez vite ces grosses larmes, tâchez de sourire... prenez garde qu'on ne soupçonne rien !...

SCÈNE X.

LES MÊMES, AMBROISE, NICOLE, MATHURINE, CATHERINE, PAYSANS, PAYSANNES.

TOUS. Bonjour, mère Marianne... Bonjour, Madeleine.

NICOLE, *à Madeleine.* Eh ben! Madeleine... es-tu prête? nous venons pour te prendre.

TOUS. Oui, oui...

MATHURINE, *entrant.* Eh ben! tu n'es pas encore habillée !... Que c'est désagréable ! on n'attend plus que toi pour commencer la danse.

PIERRE. Il n'y a pas si longtemps que t'es prête, toi.

MARIANNE. Eh bien, mes enfants, j'vas l'aider ; ça ira plus vite. (*Bas.*) Du courage, Madeleine!... du courage...

Madeleine se lève avec effort, et répond à peine à Nicole, qui lui parle bas.

AMBROISE, *frappant sur l'épaule d'André.* Comme te v'là triste, André!

ANDRÉ. Moi? je suis gai, très-gai... c'est que ça n'paraît pas, v'là tout. (*A part.*) Faut que j'la débarrasse de tous ces gens-là. (*Haut.*) En attendant que Madeleine soit prête, je propose une tournée chez le père Pichard.

TOUS LES PAYSANS. Ça va!

SCÈNE XI.

LES MÊMES, LAMBERT.

A sa vue tout le monde se découvre et s'incline.

TOUS. Monsieur le curé!...

LAMBERT, *d'une voix triste et grave.* Mes

amis, c'est avec regret que je viens troubler votre fête; mais, de vous même, vous allez tout à l'heure étouffer vos cris de joie. (*Mouvement.*) La malheureuse Geneviève Salmon, qui était de ce pays... Geneviève, que vous avez tous connue, a été condamnée à la peine de mort! (*Mouvement.*) Et c'est aujourd'hui, à quatre heures, sur la grande place de Toulouse, que doit s'exécuter l'arrêt.

TOUS, *à mi-voix.* A quatre heures!...

ANDRÉ, *même jeu.* Geneviève était coupable; mais monsieur le curé a raison, çe n'est pas le moment de nous amuser.

LAMBERT. Les hommes ont condamné Geneviève; Dieu va la juger à son tribunal suprême! Mes enfants allez prier pour elle.

Tous les paysans se retirent en silence. Madeleine, qui s'était levée à l'entrée du curé, est retombée sur le banc et y reste immobile. Marianne, quand tout le monde est parti, montre Madeleine au curé, le supplie du regard de la consoler, puis rentre chez elle.

SCENE XII.
LAMBERT, MADELEINE.

MADELEINE, *sans voir le curé et tout entière à sa douleur.* Mourir... oui, je n'ai plus qu'à mourir!...

LAMBERT, *la regardant.* Madeleine!

MADELEINE, *se levant.* Monsieur le curé!...

LAMBERT. Désirer la mort! vous si jeune!... c'est douter de la Providence.

MADELEINE Dieu ne m'a pas prise en pitié!

LAMBERT. Vous blasphémez, mon enfant. La bonne Marianne, votre tante, m'a tout dit, et je suis venu pour ranimer votre courage et vous aider à supporter l'épreuve que Dieu vous envoie... Regardez autour de vous, Madeleine, et voyez quel abîme était ouvert sous vos pas. Une pauvre fille avait été, comme vous, aux prises avec la séduction... Geneviève Salmon n'avait pas dans le cœur les principes de vertu qui vous ont protégée; elle s'abandonna à celui qu'elle croyait devoir être un jour son époux; et, quand sa couronne d'innocence fut tombée, elle se retrouva seule avec sa faute; comme vous, elle fut sans courage; comme vous, elle désespéra de Dieu, et le Seigneur détourna d'elle sa vue. La malheureuse devint mère; elle pouvait encore racheter sa faute, car Dieu pardonne aux bonnes mères... Geneviève ne vit que la honte, là où le ciel lui envoyait une consolation... elle devint folle... et tua son enfant!...

MADELEINE, *avec épouvante.* Son enfant!... Mon Dieu! mon Dieu!...

LAMBERT. Qu'avez-vous donc, Madeleine?

MADELEINE, *avec égarement.* Regardez-moi, mon père... Geneviève, après sa faute, n'a plus eu de sommeil, n'est-ce pas?... Son front a pâli... ses mains brûlaient... Regardez-moi, mon père; je n'ai plus de repos, mon front est pâle et mes mains brûlent... Comme Geneviève, je fus coupable; comme elle j'ai honte de ma faute... Oh! mais je ne tuerai pas mon enfant, moi!...

LAMBERT, *avec effroi.* Malheureuse!...

Ici quatre heures sonnent, le curé fait un mouvement et se découvre.

MADELEINE. Quatre heures!... Je me souviens!... Geneviève Salmon... Ah! priez pour moi, mon père!... priez pour moi!

Elle tombe à demi-évanouie aux pieds du curé.

LAMBERT. Seigneur, prenez pitié de celle qui souffre, et pardonnez à celle qui va mourir!...

ACTE II.

Un site triste et sombre. Des gorges de montagne. Au fond, un précipice; à gauche du spectateur, quelques arbres indiquent la route qui conduit au village. A droite, une croix de pierre élevée sur un tertre et séparant deux routes dont une de traverse descend et suit le bord du précipice; l'autre monte et conduit au château. Au lever du rideau, des paysans sont étendus à terre et dorment, d'autres sont assis au pied de la croix, quelques-uns arrangent leurs faucilles, d'autres finissent de manger et causent avec des paysannes. C'est la fin de la journée pendant la moisson.

SCÈNE PREMIÈRE.
PIERRE, AMBROISE, THOMAS, MATHURINE, Paysans, Paysannes, NICOLE, *ensuite* M. LAMBERT.

PIERRE. Assez de travail comme ça pour aujourd'hui.

Il mange.

AMBROISE. Oh! la journée est faite. Pendant que les vieux vont se reposer, les jeunes gens vont rire; à leur âge, la gaieté repose. Pierre, pour les mettre en train, chante-leur donc la ronde des moissonneurs.

PIERRE. Je veux bien. Pendant que je finis ma soupe, entonnez donc le refrain, vous autres... je vous rattraperai.

TOUS. Ça va.

CHŒUR.

AIR de M. F. A. Stœpel. Paroles de M. A. Béraut.

Brave moissonneur,
Le travail t'appelle;
A sa voix fidèle,
Auprès de ta belle
Fauche avec ardeur.

PIERRE.

Garçon et fillette,
Voici la moisson.
Fillette et garçon,
Sus! que tout s'apprête.
Au sein d' nos guérets,
Vous, troupe coquette,
Qu'en ce jour de fête
Bluets et paqu'rette   (*bis*)
Forment vos bouquets.

Brave moissonneur, etc.

NICOLE, *entrant avec une botte de paille.* Tiens, on chante ici... Ah! mais j'en suis.

Plus d'ombre discrète
Tout le long des blés;
Les amours troublés
Ont pris leur retraite.
En revanche ici,
Enfants de la faucille,
Nous n' somm's qu'une famille.
Ici, jeune fille,
On trouve un mari.

Brave moissonneur, etc.

Au milieu du chœur, M. Lambert paraît au fond, suivi de Thomas, portant un panier. M. Lambert s'arrête et frappe avec sa canne pour marquer la mesure de la ronde. Pierre, qui tournait avec Nicole, se trouve en face de M. Lambert et s'arrête.

TOUS. Monsieur le curé!...

LAMBERT. Oui, mes enfants!... Est-ce que je vous fais peur?

NICOLE. Oh! ben au contraire, monsieur le curé.

LAMBERT. Comme te voilà joyeuse, ma petite Nicole...

NICOLE. Oh! ça c'est vrai, monsieur le curé; je sommes bien contente. D'abord, vous savez qu'aux vendanges j'épousons Pierre, qu'est pas beau, mais que j'aimons comme il est. Puis, je suis allée ce matin chez Madeleine, qui a été si malade et que je n'avais pas vue depuis près d'un mois; je l'ai trouvée presque guérie et se disposant à sortir... ça m'a fait plaisir!

Le curé remonte vers un groupe de paysans.

PIERRE, *à Nicole.* Ah ça! qu'est-ce qu'elle a donc eu, décidément? car le médecin avait défendu qu'on entrât chez elle; et tout le temps qu'elle a été bien mal, personne n'a pu la voir.

NICOLE. Ah! j'ai eu bien peur pour elle... la pauvre fille! (*Elle regarde le curé qui s'éloigne sans répondre. Bas à Pierre.*) Tiens, tiens! M. le curé qui ne dit rien... est-ce qu'il y aurait quelque chose?

PIERRE. Dam!

MATHURINE, *liant une botte de paille; s'approchant.* Oh! je n'ai jamais été inquiète sur son compte, moi.

NICOLE. Bon... te v'là encore, toi, mauvaise langue!...

MATHURINE. Des sottises... ça ne prouve rien. D'ailleurs, je ne fais que répéter ce que bien d'autres que moi disent. Et, puisque tu le prends sur ce ton-là, je soutiens, moi, que ta Madeleine...

M. Lambert venant se placer entre Nicole et Mathurine.

LAMBERT. Mathurine!...

MATHURINE. Monsieur le curé...

LAMBERT. Ayez plus de charité, mon enfant, songez que nous avons tous besoin d'indulgence, et que le peu de bien que nous aurons fait ici-bas nous sera compté un jour.

NICOLE, *à Pierre.* Alors son compte à elle sera bientôt fait.

LAMBERT, *aux autres paysans, d'un ton plus jovial.* Eh bien! mes bons amis... la chaleur a été grande aujourd'hui; aussi ai-je sorti, à votre intention, de ma petite cave, quelques bouteilles que Thomas allait vous porter de ma part: ça vous donnera du cœur pour recommencer demain.

Il appelle un paysan qui est resté au fond avec un panier de vin.

TOUS. Ah! monsier le curé... que vous êtes bon!...

LAMBERT, *à Thomas.* Allons, distribue-leur ça, toi!... (*Thomas donne aux paysans les bouteilles et des verres. Ils se versent à boire pendant que le curé ajoute:*) C'est le produit de la vendange que vous avez faite pour moi l'année dernière, et pour laquelle je n'ai pas pu vous faire accepter le moindre salaire.

PIERRE. Par exemple! mais travailler pour vous c'est un plaisir... un devoir. Est-ce que vous faites payer les bons soins que vous donnez aux malades, et les mille services que vous rendez à nous tous?...

THOMAS. Sans compter vos conseils qui ont fait tous les bons sujets de la commune; n'y en a qu'un qui ne vous écoute pas, c'est Baptiste Roussel... aussi, comme vous l'avez dit l'autre jour, il finira mal.

LAMBERT. Oh! je ne désespère pas encore de lui.

PIERRE, *venant présenter un verre.* Monsieur le curé, nous voudrions bien boire à votre santé... et si vous etiez assez bon pour...

LAMBERT. Trinquer avec vous... volontiers, mes amis, volontiers.

PIERRE, *élevant son verre.* A notre bon curé!...

LAMBERT. A vous tous, mes enfants!... (*Pierre s'empresse de reprendre le verre que Lambert a vidé gaiement après avoir trinqué avec eux.*) Ah! ça, mais... vous chantiez quand je suis arrivé tout à l'heure? continuez donc...

PIERRE. C'est que devant vous, monsieur le curé... nous n'oserions pas.

LAMBERT. Les cœurs franchement joyeux sont des cœurs honnêtes; reprenez votre ronde... je la chanterai avec vous.

PIERRE. Vous, monsieur le curé?...

LAMBERT. Oh! je suis de votre pays... et je me souviens d'un couplet de cette ronde, que vous ne connaissez pas peut-être, et que mon vieux père m'a dit bien souvent... Oh! je ne le chanterai pas comme toi, Pierre; enfin, je vais essayer.

Moissons tutélaires!
Ce don du Seigneur
Dit à votre cœur:
Songez à vos frères,
Soyez tous unis.
Et toi, moissonneuse,
Pour vieille glaneuse
Sois bien oublieuse
De quelques épis.

Brave moissonneur, etc.

PIERRE. V'là le temps qui se gâte... Mon-

s'eur le curé, à présent, si vous le permettez,
nous allons rentrer tout ce fourrage-là... Le
temps se brouille et nous pourrions ben avoir
de l'orage cette nuit.

LAMBERT. Allez, allez, et bon courage!

Tout le monde s'éloigne.

SCÈNE II.

LAMBERT, *seul.*

La gaieté de ces braves gens m'avait pour
un moment rendu la mienne.... et pourtant une voix s'était élevée pour accuser Madeleine. Pauvre fille! malgré toute ma sollicitude, malgré toutes les précautions que j'ai
prises, on soupçonne, je le vois, la triste vérité. Si elle ne se décide pas à accomplir le
douloureux sacrifice que je vais exiger d'elle,
nous ne pourrons cacher plus longtemps ce
secret que chacun épie ou devine; et si ce secret était découvert, la pauvre fille serait à
jamais perdue... La voici... Allons, il me faut
encore lui porter ce dernier coup, lui donner
cette dernière douleur.

SCÈNE III.

Madeleine est appuyée sur le bras de Marianne;
M. Lambert va au-devant d'elle, il la prend par
la main.

LAMBERT, MADELEINE, MARIANNE.

MADELEINE, *avec joie.* Monsieur le curé!

LAMBERT. Il me semble, mon enfant, que
vous avez poussé un peu loin votre prome-
nade.

MADELEINE. Oh! non, monsieur le curé, je
suis forte à présent. Je savais vous trouver
ici, et ça me fait tant de bien de vous voir, de
vous entendre ..

LAMBERT, *lui serrant la main avec bonté.*
Chère Madeleine!

MADELEINE. Dieu seul sait tout ce que vous
avez eu pour moi d'indulgence et de bonté...

LAMBERT. Ma mission ici-bas n'est-elle pas
de secourir et de pardonner? (*Madeleine
pleure.*) Eh bien! pourquoi pleurez-vous?

MADELEINE. C'est qu'à tant de bienfaits je n°
puis répondre que par des larmes.

MARIANNE. Monsieur le curé, je vous en con-
jure, dites-lui que, malgré son malheur, il faut
qu'elle se fasse une raison... Tant que vous
êtes auprès d'elle, ça va bien; mais quand
vous nous quittez, elle retombe dans une tris-
tesse qui sera remarquée, bien sûr... et tout
le monde n'a pas vot' charité, monsieur le
curé.

LAMBERT. Votre tante a raison, Madeleine;
il faut redoubler de prudence et de précau-
tion. Le monde, vous le savez, est impitoyable
pour celle qui a failli... Déjà même le soupçon
vous environne, il ne faudrait que le plus faible
indice pour que la vérité tout entière fût connue.

MADELEINE. Eh bien! monsieur le curé, je
courberai le front; je subirai comme une ex-
piation ce qu'il plaira à Dieu de m'envoyer
d'amertume et de de douleur.

LAMBERT. Non, ma fille, gardez dans votre
cœur le souvenir de la faute que vous avez
commise, mais ne donnez pas d'armes à la
malveillance... Songez enfin que votre honneur est aussi l'honneur de votre famille; hélas! à cet honneur, il faut encore faire un
douloureux sacrifice!

MADELEINE. Parlez... je suis prête.

LAMBERT. Il faut, pour quelque temps du
moins, vous séparer de votre enfant.

MADELEINE. Ciel!

MARIANNE. Oui, monsieur le curé a raison;
cela est nécessaire, indispensable!

MADELEINE. Mais, monsieur, cet enfant...
c'est la seule joie, la seule consolation qui me
restent... Tout l'amour que j'avais au cœur,
c'est sur lui que je l'ai reporté... Toute ma vie
à présent est dans son regard... dans les soins,
dans les baisers que je lui prodigue à chaque
instant du jour!... Oh! que le mépris et la

haine me frappent, j'aurai force et courage
pour les supporter... Mais me séparer de mon
enfant, monsieur, c'est impossible!

LAMBERT. Ma pauvre Madeleine, je comprends que votre cœur se révolte à cette pensée, mais ce n'est pas la prudence seule qui
me fait vous imposer cette cruelle séparation :
voulez-vous, par exagération de tendresse,
vous exposer à perdre cet enfant que vous aimez tant?

MADELEINE. Le perdre!

LAMBERT. Vous ne pourriez, sans compromettre à la fois et ses jours et les vôtres, lui
prodiguer plus longtemps vos soins mater-
nels... Le médecin l'a formellement déclaré à
votre tante et à moi.

MADELEINE. Il y a danger pour la vie de mon
fils!... Oh! je n'hésite plus... parlez, que
faut-il faire?...

LAMBERT. J'ai eu soin de prévenir une brave
et digne paysanne qui habite une chaumière
isolée, sur la route peu fréquentée qui conduit
à Sainte-Croix. Je lui ai dit toute la vérité;
nous pouvons compter sur la discrétion la plus
absolue de sa part. Ainsi donc, ce soir à neuf
heures, pour plus de sûreté, je viendrai vous
prendre; nous porterons votre enfant chez
cette bonne paysanne, qui en aura le plus
grand soin, soyez-en certaine. (*Tirant un pa-
pier du parement de sa manche.*) Tenez,
voici son nom... Sa demeure n'est pas éloi-
gnée d'ici. Allez avec Marianne la prévenir de
se tenir prête et de vous attendre ce soir.

(Madeleine est tombée dans une profonde rêverie,
sa tête s'est penchée sur sa poitrine; elle semble
écouter machinalement ce que lui dit monsieur Lambert. Le curé s'en aperçoit, et la considère un instant en silence, puis il lui prend la main pour la
faire sortir de l'espèce de torpeur dans laquelle elle
est plongée.)

Eh bien! Madeleine, vous ne me répondez
pas... qu'avez-vous?

MADELEINE, *sortant de sa rêverie.* Moi...
rien... vous avez raison... Oui, il faut nous
hâter... il faut aller tout de suite chez cette
femme qui, plus heureuse que moi, pourra
donner à mon fils la vie et la santé... Venez
vite, ma bonne tante... venez!

*Elle saisit la main de sa tante et l'entraîne rapide-
ment par la route que le curé lui a indiqué.*

SCÈNE IV.

LAMBERT, *seul.* Pauvre fille!... pourrai-je
jamais ramener le calme dans son âme. (*Tirant sa montre.*) Voici l'heure de l'étrange
rendez-vous qu'on m'a donné! (*Tirant un
billet de sa poche.*) « Quelqu'un qui désire
« vous entretenir vous prie de vous rendre
« aujourd'hui à six heures, à la croix de
« pierre. » — Pas de signature... que peut-
on me vouloir, et qui donc m'a écrit ce billet!...

GEORGES, *qui est entré pendant ce temps,
s'approche du Curé, et lui dit en le saluant :*
Moi, monsieur!

SCÈNE V.

LAMBERT, GEORGES.

LAMBERT. Monsieur Georges!

GEORGES. Veuillez me pardonner de ne m'être
pas rendu chez vous; mais un motif que je ne
puis vous expliquer en ce moment m'a fait
vous désigner pour notre entrevue cet endroit
écarté.

LAMBERT. De quoi s'agit-il, monsieur?

GEORGES, *en lui remettant une lettre.* Avant
tout, je suis chargé de vous remettre cette
lettre que vous aviez adressée à Paris à monsieur Victor de Francheville.

LAMBERT, *la prenant.* Comment se trouve-
t-elle entre vos mains, monsieur?

GEORGES. Qu'il vous suffise de savoir qu'à
vous envoyer toute missive de cette nature deviendrait inutile. C'est avec une douloureuse surprise que madame de Francheville a appris,
par cette lettre, les terribles suites de la faute
de Madeleine; elle n'abandonnera ni la mère

ni son enfant; mais ce qu'elle veut surtout
c'est mettre l'homme qu'elle appelle son fils à
l'abri de tout éclat scandaleux... Voici donc,
monsieur Lambert, ce que madame de Francheville m'a chargé de vous proposer.

LAMBERT. Je vous écoute, monsieur.

GEORGES. Par un hasard heureux, la nais-
sance de l'enfant de Madeleine est encore un
mystère; cet enfant sera porté à Toulouse et
déposé à l'hospice des orphelins; un signe le
pourra faire reconnaître, cependant il ne sera
attaché sur l'enfant aucun nom qui puisse désigner son père ou sa mère; cette formalité
accomplie, madame de Francheville ira un
jour, comme par hasard, à cet hospice, elle
verra cet enfant, en aura pitié, et le fera éle-
ver à ses frais. Mais, encore une fois, Madeleine renoncera à tous ses droits sur lui.

LAMBERT. Vous connaissez bien peu Madeleine, monsieur, si vous pouvez croire qu'elle
acceptera jamais une pareille proposition...Je
lui épargnerai même la douleur de la lui faire
entendre.

GEORGES. Cependant, monsieur Lambert,
permettez-moi de vous faire observer qu'il
vaudrait mieux pour l'avenir de cet enfant,
pour Madeleine elle-même...

LAMBERT. Tant que Dieu daignera me laisser
ici-bas, Madeleine, aura un protecteur, un père.

GEORGES. Vous ne dites pas toute votre pensée, monsieur... un espoir vous reste encore,
et cette lettre en fait foi.

SCÈNE VI.

LES MÊMES, ANDRÉ.

Ici on voit entrer André. Il est tout couvert de
poussière, il tient un bâton à la main, ses vêtements indiquent qu'il vient de faire un long
voyage à pied. Il s'arrête au fond sans être aperçu
et il écoute.

LAMBERT. Que voulez-vous dire, monsieur?

GEORGES. Votre attachement pour Madeleine,
votre pitié pour son infortune vous égarent et
vous font entrevoir la possibilité de la réunir
un jour à Victor; je vous l'ai dit, monsieur,
et je vous le répète, Victor de Francheville est
marié.

ANDRÉ, *jetant à terre son bâton et son chapeau, et venant se placer entre eux.* Et moi
je dis que vous mentez, mon beau monsieur.

GEORGES *et* LAMBERT. André!

ANDRÉ. Monsieur de Francheville est garçon,
et un honnête garçon qu'on trompait à Paris,
tandis qu'on trompait Madeleine ici.

LE CURÉ, *regardant Georges.* Ah! monsieur!

ANDRÉ, *au Curé.* Je savais que vous aviez
écrit à monsieur Victor, et voyant que vous
ne receviez pas de réponse, voyant Madeleine
si mal que vous en désespériez... sans rien
dire à personne, j'ai pris tout de suite ma résolution, je me suis décidé à aller trouver
monsieur Victor et je l'ai vu.

GEORGES. Vous avez osé ..

ANDRÉ. Je ne me suis gêné pour ça... Je me
doutais bien qu'il y avait quelque chose de
louche, j'ai voulu savoir à quoi m'en tenir...
On intercepte une lettre, mais un homme, ça
ne peut pas s'escamoter. D'ailleurs, à Paris
comme ici, j'ai pris mes précautions... je ne
suis pas entré dans l'hôtel où il pouvait se
trouver des espions, j'ai attendu monsieur de
Francheville dans la rue et je lui ai dit toute
la vérité.

GEORGES. Comment?

ANDRÉ. Je lui ai dit que Madeleine était
malheureuse, malade, mourante à cause de
son abandon. Alors il m'a répondu qu'il n'a-
vait jamais songé à ce riche mariage dont on
a tant parlé ici; il m'a dit qu'il avait écrit à
Madeleine, et que ses lettres comme on est parvenu
à intercepter ses lettres comme on a intercepté
la vôtre, monsieur le curé. Il a ajouté qu'il
aimait Madeleine, qu'il l'aimerait toujours;
que j'avais bien fait d'être venu l'informer de
tout ce qui se passait; enfin, il m'a engagé,

en attendant son arrivée, à retourner bien vite rassurer Madeleine; il voulait même me donner de l'argent; car, disait-il, tu n'arriveras jamais assez vite. Mais je n'ai rien accepté, je suis revenu comme j'étais parti, à pied, d'un vrai train de poste. Oh! on marche ferme, voyez-vous, quand c'est le cœur qui fait aller les jambes.

LAMBERT, *lui serrant la main.* Bien, très-bien, André! (A *Georges.*) Qu'avez-vous encore à me dire, monsieur?

GEORGES. J'ai à vous dire que Victor se laisse égarer par une passion insensée... Croyez-vous qu'il puisse devenir l'époux de Madeleine! Jamais sa famille si haut placée ne consentirait à une telle mésalliance; alors ce mariage se ferait donc au mépris de sa volonté. Songez-y, monsieur, puisque vous vous intéressez à Madeleine, vous ne rallumerez pas dans son cœur un fatal espoir; je dirai plus, il est prudent, indispensable même que Victor et Madeleine ne se voient plus, et c'est sur vous que je compte pour atteindre ce but. Je ne parle plus de la proposition que je vous ai faite tout à l'heure... Mais que Madeleine s'éloigne, qu'elle quitte ce pays où elle ne peut plus être heureuse; qu'elle choisisse la retraite qu'elle voudra, et je vous jure que les bontés de madame de Francheville assureront à jamais son avenir.

ANDRÉ, *à part.* Mielleux, va...

LAMBERT. Hélas! monsieur, Madeleine était digne d'un meilleur sort; je vois avec désespoir que pour mettre un terme à son malheur, il faudrait, comme vous le dites, apporter le trouble dans une noble famille, et de toute l'élévation de son âme, Madeleine refuserait de recourir à un semblable moyen. Aussi, pour ne point ajouter encore à un chagrin déjà trop violent, je lui tairai tout ce que vient de nous dire André, tout ce qu'il a fait pour elle dans son généreux dévouement.

ANDRÉ. Comment, monsieur le curé!

LAMBERT. Oui, mon garçon, il ne faut pas lui parler de ton voyage à Paris.

ANDRÉ. Cependant...

LAMBERT. C'est moi qui t'en supplie.

ANDRÉ, *tristement.* Je me tairai, monsieur le curé, je me tairai.

LAMBERT, *à Georges.* Dès demain je parlerai à Madeleine; j'espère la décider à partir; je la conduirai dans le sein de ma famille, qui l'adoptera, et là, tout lui sera pardonné, car je dirai tout ce qu'elle a souffert.

GEORGES, *s'inclinant.* J'emporte votre promesse, monsieur; je vais la transmettre à madame de Francheville, qui, soyez-en certain, s'empressera de se joindre à vous pour assurer à Madeleine une existence calme et heureuse.
Georges salue respectueusement le curé; celui-ci lui rend froidement son salut. André fait un mouvement de colère et d'impatience. Georges s'éloigne.

SCENE VII.

LAMBERT, ANDRÉ.

ANDRÉ. Pardonnez-moi, monsieur le curé; mais tenez, là, franchement, je ne peux pas m'empêcher de vous dire que vous avez eu tort de vous laisser enjôler par ce monsieur Georges; vous n'auriez pas dû consentir.

LAMBERT. Tu te trompes, mon garçon : la prudence me commandait de tenir cette conduite... Tu verras plus tard que j'avais raison... Silence; j'aperçois Madeleine et sa tante.

SCÈNE VIII.

LAMBERT, ANDRÉ, MADELEINE, MARIANNE, *puis* BAPTISTE ROUSSEL.

ANDRÉ, *bas, à Lambert.* Mon Dieu, monsieur le curé, comme elle a changé depuis un mois que je ne l'ai vue!

LAMBERT. C'est que la souffrance et le désespoir brisent vite!

MADELEINE, *bas, à Marianne.* Ma tante, le courage et la force m'abandonnent.

MARIANNE, *de même.* Voyons, sois raisonnable!

ANDRÉ, *s'approchant.* Madeleine!

MADELEINE, *surprise de le voir et allant à lui.* André!

MARIANNE. Eh! d'où arrive-t-il donc? il nous avait tous mis dans l'inquiétude.

ANDRÉ, *balbutiant.* Vous êtes bien bonne, dame Marianne... c'est que... je croyais... je pensais revenir plus tôt.

MARIANNE. Partir sans prévenir personne... ne pas même donner de ses nouvelles...

LAMBERT. Moi aussi je l'accusais; mais à présent que je connais les motifs de son voyage...

BAPTISTE, *en livrée.* Monsieur le curé.

LAMBERT. Ah! c'est toi, Baptiste! que me veux-tu?

BAPTISTE, *à demi-voix.* Madame de Francheville est au presbytère et elle m'envoie vous dire...

LAMBERT, *haut.* C'est bien... (*Bas.*) Madeleine, à ce soir, neuf heures. (A *Marianne.*) Venez avec moi, Marianne; j'ai à vous parler, il ne faut pas que Madeleine voie madame de Francheville. (A *Madeleine, en l'embrassant.*) Courage et résignation, mon enfant! à ce soir!
Il sort avec Marianne et Baptiste.

SCÈNE IX.

ANDRÉ, MADELEINE.

ANDRÉ, *à part.* Allons, c'est décidé! (*Haut.*) Voilà mon bras, Madeleine; je vais vous reconduire jusque chez vous; quand je vous aurai ramenée, je vous dirai adieu.

MADELEINE. Eh quoi! André, vous voulez nous quitter encore?

ANDRÉ. Oui, ça me fait trop de mal de vous voir souffrir et de ne pouvoir rien faire pour vous consoler.

MADELEINE. Et où voulez-vous donc aller?

ANDRÉ. Je veux faire un grand voyage... le tour de France, ça me tiendra deux ans... trois ans... je travaillerai... je reviendrai avec une petite fortune... Peut-être qu'alors le temps aura fait un miracle, et que je vous retrouverai... heureuse.

MADELEINE. André, il est de ces événements qui vous frappent sans vous tuer, mais qui laissent après eux une douleur contre laquelle toutes les consolations se brisent. La vie est alors un supplice, et la mort serait un bienfait de Dieu!

ANDRÉ, *à part.* Pauvre Madeleine, et M. le curé qui m'a fait jurer de...

MADELEINE. Partez, André; partez, mon frère... Lorsque vous reviendrez, si dans un coin du cimetière vous venez voir la place où je serai, alors seulement vous pourrez vous dire : elle a cessé de souffrir.

ANDRÉ. Qu'est-ce que vous dites donc là? Je ne vous reverrais plus!

MADELEINE. Le mariage de Victor m'a tuée.

ANDRÉ, *à part.* Oh! un instant! (*Haut.*) Et si M. Victor n'était pas marié?

MADELEINE. Que dites-vous?

ANDRÉ. S'il vous aimait toujours?

MADELEINE. Lui!

ANDRÉ. Oh! ma foi, tant pis; M. le curé m'en voudra, mais le bon Dieu me pardonnera. On ne peut pas voir souffrir comme ça une pauvre créature et garder pour soi un secret qui la sauvera peut-être. Non, Madeleine, non, M. Victor n'est pas marié... il vous aime toujours, il est en route pour venir... qu'est-ce que je dis! c'est ce soir même qu'il arrive.

MADELEINE. Ce soir! comment le sais-tu? qui te l'a dit?

ANDRÉ. Lui!

MADELEINE. Victor! tu l'as vu?

ANDRÉ. Je lui ai parlé.

MADELEINE. Toi?

ANDRÉ. A Paris, où je suis allé tout exprès.

MADELEINE. O André!... mon bon André... mon frère... oh! parle-moi de lui...

ANDRÉ. On le trompait là bas, comme on veut vous tromper encore... Oui, on veut vous éloigner, vous faire quitter le pays; M. le curé lui-même l'a promis; dès demain il doit vous emmener; il faut rester, Madeleine, car avec M. Victor c'est le bonheur qui revient.

MADELEINE. Oh! non, non, c'est impossible! je ne puis te croire... c'est un rêve!

ANDRÉ. C'est la vérité, et si je vous l'ai dite, moi, si je n'ai pas la même manière de voir que M. le curé, c'est que ce digne homme n'est que votre ami; il a pu vous voir pleurer et se taire; mais moi... moi, Madeleine, je n'ai pas eu c'courage-là... Vous savez tout; vous ne vous désolerez plus, car l'amour de M. Victor achèvera ce qu'a commencé mon amitié... (*Moment de silence.*) Et à présent que je ne peux plus rien pour... vous, Madeleine, je pars.
Il embrasse Madeleine avec effusion, puis il ramasse son chapeau et son bâton.

MADELEINE. André! André!

ANDRÉ. Adieu, Madeleine.

MADELEINE, *cherchant à le retenir.* André! mon frère!

ANDRÉ, *se dégageant.* Adieu, Madeleine; adieu, ma sœur!
Il s'éloigne rapidement.

SCÈNE X.

MADELEINE, *puis* GEORGES.

MADELEINE, *le regardant s'éloigner, et joignant les mains qu'elle élève vers le ciel.* Bon André, quelle affection! quel dévouement! veillez sur lui, mon Dieu, qu'il soit heureux! mais le temps passe... c'est à neuf heures que M. le curé et Marianne doivent venir! oh! je ne suivrai pas leur conseil... non... Victor revient... il m'aime toujours! et pourtant il ne sait pas encore quel lien sacré nous unit... il le saura! Oui, il arrive ce soir, j'irai ce soir au château, et je n'irai pas seule... je dirai à Victor : Nous voilà... nous sommes à toi! protége-nous! sauve-nous!... Oh! il m'aime, il ne voudra pas qu'on me sépare de mon enfant!... Pour n'être pas vue, je sortirai par la porte du jardin. Allons, hâtons-nous, hâtons-nous!
Elle sort du côté gauche. Georges, sans l'apercevoir, entre en scène du côté droit.

GEORGES. Arrêtons-nous un moment... devant M. Lambert mon trouble me trahirait! Quelle fatalité! en rentrant au château nous y avons trouvé Victor, Victor toujours épris de Madeleine, mais ne sachant encore que la moitié de la vérité. S'il revoit Madeleine, s'il apprend qu'elle est mère, son amour ne fera que s'accroître, et cet odieux mariage s'accomplira. Caroline a compris enfin l'imminence du péril. A tout prix, m'a-t-elle dit, séparez-le de Madeleine! et je lui ai juré que Victor ne verrait ni cette femme ni son enfant! Il y va pour moi de tout un avenir... la fortune de Caroline doit être la mienne un jour, et on ne me l'enlèvera pas. Avant tout je veux revoir M. Lambert pour presser l'exécution du projet arrêté entre nous; ce n'est plus demain, c'est aujourd'hui, c'est à l'instant qu'il faut que Madeleine quitte ce pays; ruses, menaces, violence, j'emploierai tout s'il le faut. (*Il remonte la scène pour sortir, et apercevant quelqu'un, il s'arrête et regarde.*) Quelqu'un vient de ce côté... une femme! Madeleine!... oui, c'est elle... seule, à cette heure! où va-t-elle donc?... je le saurai.
Il se cache derrière la croix de pierre. Madeleine est enveloppée dans une mante sous laquelle elle cache son enfant.

MADELEINE. Personne ne m'a vue. Pourquoi suis-je tremblante et sans force? il n'y a qu'un instant j'étais pleine de courage et de résolution... et pourtant... Victor est au château... Victor m'aime toujours!...

GEORGES, *à part.* André a parlé.

MADELEINE. Victor aimera et défendra son enfant.

GEORGES, *à part.* Son enfant !

MADELEINE. J'ai cru entendre... non, je suis seule. (*S'approchant de la croix et s'agenouillant.*) Mon Dieu, soutenez-moi et veillez sur mon pauvre enfant. (*Bruit, effrayée.*) Ciel .. non... rien... (*Se levant.*) Et maintenant au château.

GEORGES, *à part.* Au château ! si elle y arrive tout est perdu !

MADELEINE, *se levant.* Allons, ce sentier m'abrégera la route.

Elle désigne la route qui monte vers le château et gravit péniblement le sentier après avoir regardé autour d'elle.

GEORGES. Le sentier des Bruyères... il fait nuit... nous sommes seuls... (*Otant sa cravate et s'enveloppant le visage.*) Il le faut !... (*Il se dirige du même côté que Madeleine.*) Allons !

Il disparaît.

SCÈNE XI.

ANDRÉ, PIERRE, THOMAS, PAYSANS, *arrivant du côté opposé.*

ANDRÉ. Merci, les amis ; je ne veux pas que vous m'accompagniez plus loin.

PIERRE. Laisse donc, c'est un plaisir pour nous de te faire la conduite, et nous irons jusqu'au grand moulin.

ANDRÉ. C'est inutile, je vas prendre le chemin de traverse qui longe le précipice. La route est difficile, mais je la connais, et ça me fera gagner près de deux lieues.

PIERRE. Allons, n'en parlons plus. Puisque tu ne veux pas que nous allions plus loin, eh bien, une poignée de main.

ANDRÉ, *lui donnant la main.* Adieu, les amis... adieu ! (*Il s'éloigne par la route basse qui est au-dessous de celle qu'ont prise Madeleine et Georges.—Nouveau cri très-lointain d'André.*) Adieu, les amis !

PIERRE. Adieu, André ! bon voyage ! (*Il le suit de l'œil au loin, étant resté, lui, sur la hauteur. Après un temps.*) Ah ! ma foi, le v'là déjà ben loin ! je ne le vois plus.

THOMAS, *à Pierre.* Est-ce que tu ne trouves pas comme moi qu'André n'est plus le même depuis quelque temps ?

PIERRE, *descendant en scène.* Ah ! dam, que veux-tu ! lorsqu'on est amoureux...

La voix de MADELEINE, *au loin.* Ah ! ah ! à moi ! à moi !...

TOUS LES PAYSANS, *se précipitant du côté d'où partent les cris.* Qu'est-ce qu'il y a ?...

Madeleine paraissant sur la hauteur, pâle, échevelée, la tête perdue et tenant à la main un lambeau de la mante dans laquelle était enveloppé son enfant.

TOUS LES PAYSANS. Madeleine !

MADELEINE. Mon enfant ! mon enfant !

TOUS. Son enfant !

MADELEINE. Là ! là ! mort !... il est mort !...

Elle veut retourner du côté du précipice, mais la force et la voix lui manquent, elle tombe évanouie ; les paysans l'entourent et lui prodiguent des soins.

ACTE III.

L'intérieur de la maisonnette de Marianne. Porte au fond donnant au dehors. A droite et dans un pan coupé, porte à deux battants, qui, lorsqu'elle est ouverte, laisse voir l'intérieur de la chambre de Madeleine, dans laquelle est un berceau. A droite, au deuxième plan, une porte conduisant au jardin. A gauche, un escalier conduisant au grenier ; une fenêtre ouvrant au fond sur la rue. A gauche au premier plan, un bahut au-dessus duquel est une niche, et dans cette niche une petite statue en plâtre de Notre-Dame. Au lever du rideau, Marianne tient la porte de Madeleine entr'ouverte.

SCÈNE PREMIÈRE.

MARIANNE, *seule.*

Quelle affreuse nuit !... Pauvre Madeleine !... (*On frappe à la porte du dehors.*) Qui vient là ?... Je n'ose ouvrir.

On frappe de nouveau et on appelle à la fois.

LAMBERT, *en dehors.* Marianne ! Marianne !

MARIANNE. Ah ! c'est monsieur le curé !

Elle ouvre.

SCÈNE II.

MARIANNE, LAMBERT.

MARIANNE. Vous, monsieur le curé ! je n'osais pas le croire, car vous avez passé ici presque toute la nuit, et c'est à peine s'il fait jour.

LAMBERT. J'étais impatient d'avoir des nouvelles de Madeleine... Comment se trouve t-elle ce matin ?

MARIANNE. Un peu moins mal ; mais sa tête est tout à fait perdue ; elle me regarde sans me reconnaître, et je ne sais rien, sinon que son enfant est mort.

LAMBERT. Hélas !

MARIANNE. Et vous, monsieur le curé, avez-vous appris quelque chose ?

LAMBERT. En vous quittant cette nuit, je suis entré chez le fermier Pierre ; j'y ai trouvé quelques-uns des moissonneurs qui l'ont aidé à transporter Madeleine jusqu'ici... Ils disaient tous que comme Geneviève Salmon, Madeleine avait voulu ensevelir sa faute dans l'abîme de Bessac ?

MARIANNE. O monsieur le curé ! vous ne le croyez pas.

LAMBERT. Depuis hier, mon esprit s'épuise en de vaines conjectures ; Madeleine semblait avoir compris la nécessité de se séparer de son enfant ; tout était convenu entre nous : à neuf heures je devais venir la prendre chez vous... Pourquoi est-elle sortie à huit heures en emportant son fils ? pourquoi enfin a-t-elle pris le sentier des Bruyères, qui est la route opposée à celle que nous devions suivre pour aller à Sainte-Croix ?

MARIANNE. Elle aurait commis cet abominable crime !

LAMBERT. Dans un moment de délire peut-être... Pourtant un espoir me reste encore...

MARIANNE. Lequel, monsieur le curé, lequel ?

LAMBERT. Pierre nous est dévoué ; il m'a promis d'aller explorer le sentier des Bruyères ; il descendra aussi avant qu'il le pourra dans l'abîme de Bessac, et peut-être découvrira-t-il quelque indice...

MARIANNE. On vient (*Elle va à la fenêtre.*) C'est monsieur Victor !

LAMBERT. Il est arrivé hier au soir, et ne sait rien encore sans doute.

SCÈNE III.

LES MÊMES, VICTOR.

VICTOR, *entrant en scène vivement ; il aperçoit M. Lambert et se jette dans ses bras.* Mon bon mousieur Lambert .. ma chère Marianne, que je suis heureux de vous embrasser... Et Madeleine, ma bien-aimée, où est-elle ?

LAMBERT, *à part.* Que lui dire ?

VICTOR. Eh bien ! vous ne me répondez pas ! Elle est souffrante ! malade peut-être ?

LAMBERT, *avec embarras* Non, non ; Madeleine est absente ; elle ignorait votre arrivée ; elle est allée jusqu'à Toulouse.

VICTOR. André ne vous avait donc pas prévenus ?

LAMBERT. André ne croyait pas votre retour si prochain.

VICTOR. Que je suis donc cantrarié !

LAMBERT. Allons, voyons, calmez-vous, mon ami !

Il le fait asseoir.

VICTOR. Instruit par André de ce qui se pas-

sait ici... vous comprenez que pour moi chaque minute de retard était un siècle... J'accusais la lenteur des chevaux... j'aurais voulu dévorer l'espace, je savais que Madeleine souffrait... Et pourtant elle aurait dû deviner que l'amitié exagérée de Georges, la vanité de ma belle-mère, avaient inventé cette fable pour la tromper... A peine arrivé, je leur ai fait comprendre tout ce qu'ils auraient eu à redouter s'ils m'avaient enlevé la seule femme que mon cœur ait jamais aimée... Ils se sont excusés, ils se repentent, ils vont venir tout à l'heure demander à Madeleine oubli et pardon pour les chagrins qu'ils lui ont causés... Mais laissons cela, ne songeons plus qu'à ma joie, à mon ivresse... André ne m'avait pas tout appris... (*Se levant.*) Marianne, monsieur Lambert, parlez-moi de mon enfant !... C'est un fils... il est beau, n'est-ce pas ?... autant que sa mère est belle !... Que je suis heureux !... oh ! comme je l'aimerai !...

LAMBERT, *à part.* Il me brise l'âme !

VICTOR, *tendant la main au curé.* Monsieur Lambert, maintenant je ne vous quitterai plus... Quelques succès obtenus au barreau de Paris, et plus qu'eux le souvenir de mon père, autrefois premier président à Toulouse, m'ont fait désigner pour remplir au tribunal de cette ville les hautes et nobles fonctions de juge. J'habiterai donc Toulouse et ne vous séparerai pas de Madeleine.

LAMBERT. Lorsque la pauvre fille vous appelait de tous ses vœux, monsieur de Francheville, lorsqu'elle désespérait de votre retour, je cherchais à raffermir son courage ; je lui disais : La divine Providence se plaît à nous soumettre parfois à des épreuves qu'il est de notre devoir de subir, quelque cruelles qu'elles puissent être...

VICTOR. Et sans se plaindre, sans m'accuser, cette douce victime courbait la tête et se résignait...

LAMBERT, *avec intention.* Comme vous le feriez, n'est-ce pas, si à votre retour ici il avait plu au Seigneur de vous réserver un chagrin... une douleur inattendue...

VICTOR. Ce langage !... Vous détournez les yeux !... Ah ! je veux voir Madeleine !... si elle est à la ville, Marianne, nous irons à sa rencontre ; vous me conduirez, nous prendrons le chemin qu'elle suit d'ordinaire ; mais il faut que je la voie !

Il pousse la porte, va pour sortir, le curé et Marianne restent immobiles ; Victor se retourne, les examine un instant en silence ; sa physionomie prend une expression de terreur ; il descend au milieu d'eux et dit d'une voix sombre :

Il faut que je la voie, vous dis-je !... venez !

MARIANNE, *avec hésitation.* C'est que...

VICTOR. Achevez.

LAMBERT. Madeleine...

VICTOR. Eh bien !... (*Regardant Marianne.*) Marianne, vous pleurez... (*Tout palpitant de crainte.*) Ah ! Madeleine est morte peut-être ?... Madeleine !

Il court à la porte de la chambre de Madeleine ; cette porte s'ouvre. Madeleine en sort vivement et s'arrête sur le seuil. En voyant le désordre de ses vêtements et l'expression étrange de sa figure, Victor recule effrayé :

Ah !

SCÈNE IV.

LES MÊMES, MADELEINE.

MADELEINE. Qui m'a appelée !... Cette voix !... c'était la sienne !... Oh ! mais non, ce n'est pas lui, car il m'a abandonnée...

LAMBERT. Comprenez-vous maintenant !

VICTOR. Oh ! mais cela serait horrible ! (*Allant à elle.*) Madeleine !...

MADELEINE. Vous ne savez donc pas ?... Victor ne m'aime plus... Il va se marier, se marier avec une autre, plus belle, plus riche que moi !

VICTOR. Mon Dieu !

MADELEINE. Il vous envoie, n'est-ce pas, pour me dire de l'oublier ?... Mais je l'aime toujours... Ce soir André viendra me prendre...

André, c'est mon frère, il me conduira à Paris... Ne le dites pas à monsieur le curé ; ne le dites pas à Marianne... je vais leur écrire...
Elle s'assied sur un siége et reste plongée dans sa rêverie.

MARIANNE. Malheureuse!

VICTOR. Elle a cru à mon abandon!

LAMBERT. Et le désespoir...

VICTOR. Madeleine! (*Il s'approche de Madeleine, se met à genoux auprès d'elle, lui prend la main. Madeleine le laisse faire et le regarde avec plus de douceur.*) Madeleine, ne reconnais-tu pas Victor?

MADELEINE, *l'interrompant.* Victor!... oui, c'est son nom... et j'ai appelé mon fils comme lui.

VICTOR. Regarde-moi donc, Madeleine! (*Elle le regarde.*) Victor, c'est moi!

MADELEINE. Vous?
Le curé et Marianne se rapprochent d'elle et suivent toute cette scène avec anxiété.

VICTOR. Je reviens pour te nommer ma femme.

MADELEINE, *souriant.* Ta femme!

VICTOR. Pour reconnaître ton enfant.

MADELEINE, *avec effroi.* Mon enfant!
Marianne fait un mouvement pour aller à Madeleine.

LAMBERT, *la retenant.* Silence.

MADELEINE. Oh! ne prononcez pas ce mot, c'est mon déshonneur!... Il est là caché dans le fond de ma chambre. Quand toutes les mères sont orgueilleuses de leur fils, moi je cache le mien... Ses cris, qui me vont au cœur, il faut que je les étouffe pour qu'on ne soupçonne pas qu'il existe... c'est la nuit, quand je suis bien seule, quand tout est fermé, je le regarde avec bonheur, il est si beau, mon fils!... C'est là que je prie pour lui! (*Elle montre le bahut et la statue de la Vierge.*) C'est là que je demande à Dieu de lui rendre son père!...
Elle va près du bahut.

VICTOR, *au Curé et à Marianne.* Oh! son délire me tue!

LAMBERT, *à Victor.* Du courage, mon ami; du courage; Dieu aura pitié de nous.

VICTOR, *allant à Madeleine.* Madeleine, ton enfant est le mien aussi!... Cet enfant, je l'aimerai comme je t'aimais, comme je t'aime!... Oh! reconnais-moi, Madeleine, reconnais-moi!... Tiens, vois-tu cet anneau, c'est aussi devant cette sainte image que tu me l'as donné, le jour où nous avons juré de n'être jamais que l'un à l'autre.

MADELEINE. Cet anneau!... (*Sa physionomie prend une autre expression, elle semble recueillir ses souvenirs. Un instant de silence pendant lequel Victor, le Curé et Marianne se regardent. Elle fixe Victor, puis elle s'écrie :*) Ah! c'est toi, Victor, c'est toi!...

MARIANNE, *avec joie.* Ah! monsieur le curé, le ciel nous exauce!...

LAMBERT, *la retenant.* Chut!...

MADELEINE. André ne m'avait pas trompée!... Oh! tu m'aimes toujours, n'est-ce pas? tu n'abandonneras pas ton fils?...

VICTOR. Non, non. A toi, Madeleine, à toi tous les jours de Victor!

MADELEINE. Oh! oui, oui, c'est bien toi!... Oh! j'ai bien souffert... mais je ne souffre plus, te voilà!... (*Désignant sa chambre.*) Notre fils est là, dans son berceau; viens l'embrasser, viens.
Elle l'entraîne vers sa chambre.

MARIANNE *et* LAMBERT. Oh! n'entrez pas, monsieur Victor, n'entrez pas!...

MADELEINE, *pousse la porte, entr'ouvre les rideaux du berceau qui est vide, pousse un cri et recule.* Oh! je me souviens!

VICTOR. Notre enfant?

MADELEINE, *tombant sur une chaise, à droite.* Il est mort!

VICTOR. Mort!
Stupeur de Victor. La figure de Madeleine exprime de nouveau l'égarement.

LAMBERT. Hier au soir, Madeleine est sortie furtivement, emportant son fils, et cette nuit on l'a trouvée seule, évanouie sur le bord du précipice qui longe le sentier des Bruyères... Quand on l'a rappelée à la vie, sa raison était perdue, et nous n'avons pu obtenir d'elle aucune autre parole que celles que vous venez d'entendre.

VICTOR, *tombant dans les bras du curé.* Ah! monsieur Lambert!

SCÈNE V.

LES MÊMES, MADAME DE FRANCHEVILLE, GEORGES, *puis* PIERRE.

GEORGES, *entrant et hypocritement.* Qu'avons-nous appris, grand Dieu! Madeleine accusée d'infanticide!...

VICTOR, *courant à Madeleine.* D'infanticide, elle!...

LAMBERT. Ah! taisez-vous! Voulez-vous donc la tuer, la pauvre folle!...

MADAME DE FRANCHEVILLE, *avec étonnement.* Folle!

VICTOR. Oui, folle! Regardez, tous les deux! voilà votre ouvrage! Je laisse à Dieu et à vos remords le soin de vous punir, madame! Quant à vous, monsieur...

GEORGES. Victor, écoutez-moi.

LAMBERT, *se plaçant entre Victor et Georges.* Victor... (*désignant Madeleine*) c'est à elle, à elle, à elle seule qu'il faut songer en ce moment. Rien ne prouve encore qu'elle soit coupable.

VICTOR. Elle, coupable! Oh! c'est impossible!
A ce moment, Pierre entre lentement et tristement, tenant à la main un morceau de mante ensanglanté. Stupéfaction générale.

LAMBERT. Pierre!

PIERRE, *à mi-voix.* Oui, c'est moi, monsieur le curé; j'arrive de là-bas, et j'ai trouvé...

VICTOR *et* LAMBERT. Quoi donc?

PIERRE. Ce morceau d'étoffe.
Victor le prend.

MARIANNE. C'est un morceau de la mante de Madeleine.

PIERRE. Oh! je l'ons bien reconnu, moi et les autres; il était sur le bord de l'abîme de Bessac;

LAMBERT. L'abîme de Bessac!

PIERRE. Et...

VICTOR, LAMBERT *et* MARIANNE. Eh bien?

PIERRE. Et... il est taché de sang.

GEORGES, *à part.* Du sang!
Il cache vivement sa main droite.

VICTOR, *regardant le lambeau et pleurant.* Oh! le sang de mon fils!...
(*Pendant ce temps, Madeleine, qui revenait à elle et que Marianne a quittée un moment pour aller à Pierre, se lève et court se placer entre Victor et Georges. Elle arrache à Victor le lambeau de mante. Victor à Madeleine.*)
Qui donc l'a tué? Oh! l'assassin! quel est-il?... Nomme-le, Madeleine, nomme-le!

MADELEINE, *prenant sa tête dans ses mains.* Attendez! attendez!

VICTOR. Un éclair de raison, mon Dieu, un éclair de raison!

GEORGES, *à part.* Elle n'a pu me reconnaître.

MADELEINE. J'ai une preuve!

LAMBERT. Que dit-elle?

VICTOR *et* MARIANNE. Une preuve!

MADELEINE. Oui.

VICTOR. Oh! parle! parle vite!
Tous les personnages se groupent ici avec anxiété autour de Madeleine, excepté Georges, qui se tient un peu plus éloigné d'elle en la regardant avec un trouble mal déguisé.

GEORGES, *à part, portant vivement la main à sa poitrine.* Ah! je me souviens!

MADELEINE, *mettant la main sur sa poitrine.* Je l'ai là.

LAMBERT. Donnez, donnez, Madeleine!
Elle fouille dans son sein pour le prendre.

GEORGES, *à part et se troublant.* Je suis perdu!

MADAME DE FRANCHEVILLE, *à part, regardant Georges.* Comme il se trouble!

MADELEINE, *après avoir cherché.* Je ne l'ai plus.

VICTOR, MARIANNE *et* LE CURÉ. Ah!...

MADELEINE, *comme frappée d'une nouvelle idée.* Ah! cette nuit!... quand j'étais seule ici... je l'ai cachée!...

LAMBERT *et* VICTOR. Où donc?...

GEORGES. Où donc, Madeleine?

MADELEINE, *avec égarement.* Ah! vous voulez me la prendre, vous?

VICTOR. Nous voulons te sauver! cette preuve...

LAMBERT. Cette preuve? donnez-la, donnez-la...

MADELEINE, *après un long silence.* Je ne sais plus... je ne me souviens plus... Par moment, j'ai peur d'être folle... Des larmes!... Pourquoi donc ai-je pleuré? Oh! c'est mon rêve... oui, c'était un rêve.. Car Dieu est bon; il ne reprend pas aux mères le trésor de bonheur et d'amour qu'il leur a envoyé, et mon trésor, à moi, est là. (*Elle veut aller à sa chambre; on la retient.*) Ne craignez rien; je prierai tout bas, pour ne pas l'éveiller... car il dort, il dort du sommeil des anges!
On n'ose plus la retenir. Elle entre dans la chambre et va s'agenouiller devant le berceau.

VICTOR, *tombant assis, et avec désespoir.* Madeleine!... Madeleine!...

LAMBERT, *à Mme de Francheville et à Marianne.* Suivez-la!... suivez-la!...
Elles entrent dans la chambre de Madeleine et referment la porte.

PIERRE, *qui s'est tenu au fond pendant la dernière partie de cette scène, qu'il a suivie tout en regardant au dehors, s'approche du Curé et de Victor.* Pardon, excuse, monsieur le curé; je crois que si vous voulez sauver cette pauvre fille, vous n'avez pas de temps à perdre... Quand je suis venu tout à l'heure, il y avait déjà beaucoup de monde sur la place. On causait de Madeleine : on disait qu'il fallait la livrer à la justice. Pour sûr, les magistrats vont être instruits : d'un instant à l'autre on ne peut manquer de venir l'arrêter.

LAMBERT. L'arrêter!

VICTOR, *se levant.* Oh! je la défendrai!

LAMBERT. Tous vos efforts seraient inutiles; ce serait la perdre plus sûrement encore. Bien que dans l'état déplorable où se trouve Madeleine il ne soit possible ni de la juger ni de la condamner, je crois qu'avant tout il faut la soustraire aux poursuites!

VICTOR. Oui, vous avez raison, monsieur Lambert; il faut qu'elle parte, qu'elle s'éloigne!

LAMBERT. Pierre, tu nous aideras, n'est-pas?

PIERRE. Oui, monsieur le curé; comptez sur moi. Que faut-il faire? je suis prêt!

VICTOR, *à Pierre.* Merci, Pierre! merci... (*Il lui serre la main, puis s'adressant au curé.*) Attendez: (*Il va ouvrir la porte de la chambre de Madeleine; puis il appelle doucement :*) Marianne! Marianne! (*Marianne entre.*) Vous allez faire à la hâte vos préparatifs de départ.

MARIANNE. De départ...

VICTOR. Oui, Marianne, vous allez quitter ce pays; une voiture vous attendra dans une demi-heure à la porte de votre jardin, qui donne heureusement sur une ruelle isolée.

MARIANNE. Mais, monsieur...

VICTOR. Pierre aura reçu mes instructions; c'est lui qui vous conduira.

MARIANNE. Mais...

VICTOR. Il le faut, vous dis-je! Allez! allez vite.

MARIANNE. Oui, monsieur.
Elle rentre.

LAMBERT. Pendant ce temps, je vais me rendre sur la place; je tâcherai de calmer la fureur de ceux qui accusent Madeleine, et je faciliterai ainsi vos projets de fuite.

GEORGES, *à part, regardant du côté de la chambre de Madeleine.* Je ne sors plus d'ici. (*Haut.*) Allez, monsieur, je resterai, moi, pour veiller sur Madeleine... pour la défendre, au besoin.

LAMBERT. C'est cela, monsieur, restez ici.

VICTOR. Aidez-nous du moins à réparer le mal que vous avez fait. (*Au curé et à Pierre.*) Hâtons-nous, venez ! venez !

Pierre, Victor et le curé sortent par le fond. Madame de Francheville sort de la chambre de Madeleine; elle s'arrête presque sur le seuil, puis, immobile, elle considère Georges en silence.

SCÈNE VI.

GEORGES, Mme DE FRANCHEVILLE.

GEORGES. Pourquoi rester ici plus longtemps, Caroline ?... Pourquoi me regardez-vous ainsi?

Mme DE FRANCHEVILLE. *fermant la porte de la chambre de Madeleine.* Avant de m'interroger, monsieur, répondez-moi. Tout à l'heure quand Madeleine protestait de son innocence, quand elle semblait près d'en donner la preuve, pourquoi avez-vous pâli? pourquoi avez-vous tremblé?

GEORGES. Moi !

Mme DE FRANCHEVILLE. Je l'ai vu.

GEORGES. Avez-vous été plus maîtresse que moi de votre émotion? Et que voulez-vous conclure de cet intérêt dont je n'ai pu me défendre ?

Mme DE FRANCHEVILLE. Que Madeleine est innocente, et que ce n'est pas elle qui a tué son enfant.

GEORGES. Et qui donc osez-vous soupçonner?

Mme DE FRANCHEVILLE. Vous me le demandez ?...

GEORGES. Qui donc, madame?...

Mme DE FRANCHEVILLE. Vous !

GEORGES, *avec colère.* Moi !

Mme DE FRANCHEVILLE. Oh ! parlez plus bas, et justifiez-vous, monsieur; car vous savez qu'aujourd'hui votre honte serait ma honte ! Dissipez ces doutes qui me brisent le cœur. Expliquez-moi par quelle étrange coïncidence hier au soir, à peine Victor était-il arrivé, et précisément à l'heure à laquelle le meurtre de l'enfant de Madeleine a été commis, vous êtes sorti mystérieusement du château ! Pourquoi vous étiez si troublé au retour ! Pourquoi vos vêtements étaient en désordre et votre main ensanglantée. Répondez à tout cela, monsieur!.. répondez !

GEORGES. Accusé par vous, Caroline.

Mme DE FRANCHEVILLE. Oh ! répondez donc !

GEORGES. Eh bien, madame j'y consens.... Informé du retour prochain de Victor qu'André était allé trouver à Paris, j'étais parvenu à persuader à monsieur Lambert qu'il fallait séparer Madeleine de son amant; je vous l'avais dit. En voyant monsieur de Francheville arriver plus tôt que nous le pensions, j'ai en toute hâte couru chez monsieur Lambert, pour le prévenir et l'engager à emmener Madeleine le soir même. Malheureusement, il n'était pas chez lui; pour ne point éveiller les soupçons, et pour abréger mon absence, j'ai passé par le parc, et je me suis blessé en refermant la grille. Quant à l'émotion, au trouble que vous avez pu remarquer en moi, c'était le résultat de la violente contrariété que j'éprouvais de voir ainsi tous nos projets renversés. Voilà, madame, la réponse à toutes vos questions, et l'explication de ma conduite.

Mme DE FRANCHEVILLE. Oh ! Georges ! Georges ! puissiez-vous dire vrai!

GEORGES. Vous voilà bien, vous autres femmes, audacieuses dans la pensée, faibles dans l'exécution! Cette fortune que vous ambitionniez pour votre fille, allait passer dans des mains étrangères ; tout était perdu et vous vous désespériez! Le hasard, ou la fatalité, si vous le voulez, nous vient en aide, et voilà que tout à coup la peur vous saisit et vous glace ! Oui, sans doute, les choses sont allées plus loin que nous ne l'aurions voulu.... Je déplore comme vous l'affreux délire de Madeleine et le crime qu'il lui a fait commettre... Plaignons-la... sauvons-la... mais ne faiblissons pas au moment de toucher au but.

Mme DE FRANCHEVILLE. Oh ! du moins, monsieur, rappelez-vous votre promesse ! sauvez-la ! sauvez-la !

GEORGES, *voyant la porte de Madeleine s'ouvrir.* Nous ne sommes plus seuls.

SCÈNE VII.

LES MÊMES, MARIANNE.

MARIANNE, *entrant.* Une voiture vient de s'arrêter devant la porte du jardin.

GEORGES, *à Mme de Francheville.* Il faut vous assurer si c'est bien la voiture que Pierre devait amener.

Mme DE FRANCHEVILLE. Oui, vous avez raison, il n'y a pas un instant à perdre ! Venez, Marianne, venez !

SCÈNE VIII.

GEORGES. *seul.*

Enfin, je suis seul !... seul avec Madeleine, qui est là... qui a mon secret... qui peut me perdre !... Car cette preuve dont elle parlait, c'est la chaîne que je portais, et qui se sera brisée dans la lutte... Oh ! il faut que je la reprenne... il le faut !... Mais assurons-nous bien....

Il va regarder au dehors, puis du côté du jardin; pendant ce temps, Madeleine sort de sa chambre, va s'agenouiller devant le tableau, comme, au deuxième acte, elle s'est agenouillée devant la croix de pierre.

SCÈNE IX.

GEORGES, MADELEINE, *puis* Mme DE FRANCHEVILLE.

MADELEINE, *entrant.* On ne m'a pas aperçue. (*Elle va s'agenouiller près du prie-Dieu.*) Mon Dieu, soutenez-moi, et veillez sur mon pauvre enfant.

GEORGES, *après avoir regardé.* Personne !.. Ah ! la voilà !

MADELEINE. Victor ! oui j'ai entendu sa voix tout à l'heure... il était là !... (*Elle se retourne, aperçoit Georges, court à lui, le considère un instant; puis elle s'éloigne de quelques pas.*) Vous n'êtes pas Victor, vous !

GEORGES. C'est lui qui m'envoie.

MADELEINE. Lui !... pourquoi ?

GEORGES. Il est désespéré. Il vous aime, et vous ne l'aimez plus, vous !

MADELEINE. Moi !

GEORGES. On vous accuse, vous êtes innocente; vous en avez, dites-vous, la preuve, et vous refusez de la lui donner... cette preuve, Madeleine... (*Il regarde autour de lui.*) N'est-ce pas une chaîne brisée, un médaillon ?...

MADELEINE. Oui, oui, c'est cela.

GEORGES. Où sont-ils?... qu'en avez-vous fait! Donnez-les-moi, Madeleine, pour que je les porte à Victor.

MADELEINE. Oui, oui, à Victor.

GEORGES. Hâtez-vous!

Elle fouille de nouveau dans son sein, et au lieu de la chaîne elle retire le morceau de mante ensanglanté; elle le regarde et le présente à Georges, qui ne peut réprimer un mouvement de terreur.

MADELEINE, *souriant.* C'est une preuve encore, peut-être?

GEORGES. Mais la chaîne, le médaillon?

MADELEINE. *semblant réfléchir.* Je ne sais plus... je ne sais plus!...

GEORGES. Oh ! souvenez-vous, Madeleine, souvenez-vous ! Il y va de votre vie... de celle de Victor !

MADELEINE. Victor !

GEORGES. Voulez-vous qu'on vous arrache de ses bras pour vous traîner à l'échafaud?

MADELEINE. A l'échafaud ! moi !... oh ! non, non ! je suis innocente !...

GEORGES. La preuve, alors, la preuve !...

MADELEINE. *cherchant avec anxiété et se frappant le front.* Mais c'est que je ne sais plus, mon Dieu, je ne sais plus !

GEORGES, *à part.* Ah !

Ici, quatre heures sonnent, Madeleine suit les battements de l'horloge; à chaque coup, elle fait un signe de tête et compte l'heure sur ses doigts, sa

physionomie s'emprint d'un égarement plus sombre. Madame de Francheville revient par le jardin, elle s'arrête sur le seuil de la porte et écoute.

MADELEINE. Quatre heures !...Ah! Geneviève Salmon...

GEORGES, *comme frappé d'une idée.* A été punie comme infanticide, et l'heure sonne à présent pour vous, Madeleine!

MADELEINE, *rappelant ses souvenirs.* Pour moi!... non... non!... car cette preuve...

GEORGES. Eh bien?

MADELEINE, *se traîne jusqu'au bahut, étend la main jusqu'à la statue, cherche à y atteindre, mais tombe évanouie en criant :* Là! elle est là!

GEORGES. Enfin !

Il veut prendre la chaîne et le médaillon; plus prompte, madame de Francheville vient se placer devant lui et l'arrête.

MADAME DE FRANCHEVILLE. Misérable !

GEORGES. Caroline !

Il recule effrayé; pendant ce temps, madame de Francheville s'empare de la chaîne.

MADAME DE FRANCHEVILLE. Osez dire que ce n'est pas vous qui l'avez perdue?

GEORGES. Taisez-vous, taisez-vous !

MADAME DE FRANCHEVILLE. Osez dire maintenant que ce n'est pas vous qui avez tué son enfant. (*Voulant aller à Madeleine.*) Madeleine !...

GEORGES, *la saisissant par la main et l'éloignant de Madeleine.* Caroline, écoutez-moi : le ciel m'est témoin que je n'avais rien prémédité; Madeleine seule m'a placé dans cette alternative; il fallait ou lui ravir son enfant, ou la laisser arriver jusqu'à Victor. Mes mains d'ailleurs ne se sont pas souillées d'un meurtre... et cet enfant...

MADAME DE FRANCHEVILLE. Eh bien?

GEORGES. Je l'ai pris à Madeleine... mais je ne l'ai pas tué, je vous le jure!

MADAME DE FRANCHEVILLE. Qu'en avez-vous fait?

GEORGES. Nul ne le saura maintenant.

MADAME DE FRANCHEVILLE. Vous le rendrez à sa mère ou je dirai tout !

GEORGES, *froidement.* Vous ne parlerez pas.

MADAME DE FRANCHEVILLE. Cette preuve, je la donnerai !

GEORGES, *plus froidement encore.* Vous ne la donnerez pas. Ouvrez ce médaillon.

MADAME DE FRANCHEVILLE. Que m'importe !

GEORGES, *avec force.* Ouvrez-le donc !

Il l'ouvre.

MADAME DE FRANCHEVILLE. Mon portrait !

GEORGES. Allez maintenant... l'abîme est ouvert sous mes pas; mais si j'y tombe, vous y tomberez avec moi...

MADAME DE FRANCHEVILLE. Ce sera le châtiment de ma faute! mais je vous démasquerai.

GEORGES. Et votre fille !

MADAME DE FRANCHEVILLE. *s'arrêtant et laissant tomber la chaîne.* Ma fille !

GEORGES. Oh! vous m'écoutez à présent!... Vous vous tairez, Caroline; car vous ne voudrez pas léguer à votre fille un opprobre qui ne s'effacerait plus.

MADAME DE FRANCHEVILLE, *avec désespoir.* Ma fille!... (*A Georges.*) Ah! j'ai besoin de sa présence pour supporter l'horreur que vous m'inspirez maintenant. Madeleine... Ah!... je ne puis plus rien pour te sauver.

Elle s'enfuit avec désespoir.

SCÈNE X.

GEORGES *seul* ; *puis* M. LAMBERT, VICTOR, MARIANNE, PAYSANS, PAYSANNES.

GEORGES, *froidement, ramassant la chaîne.* Elle se taira... et je n'ai plus rien à craindre de Madeleine...

MARIANNE, *entrant.* Tout est prêt pour le départ... Ah! monsieur, si vous saviez... (*Bruit.*) Entendez-vous ces cris? Madeleine, mon enfant, partons.

Marianne soulève Madeleine qui a repris ses sens.

Cris au dehors et encore éloignés.

GEORGES. Quel est ce bruit?

MADELEINE, *se levant.* Ecoutez.. Ecoutez...

VICTOR, *entrant.* Les habitants de ce pays, croyant Madeleine coupable, veulent s'opposer à sa fuite.

MADELEINE. Fuir, pourquoi?

VICTOR. Monsieur Lambert les contient à peine... (*Nouveaux cris plus rapprochés.*) Mort à l'infanticide!

MADELEINE. Ah! j'ai bien entendu... Mort.. mort à l'infanticide!

LAMBERT, *entrant.* Fuyez... ou elle est perque!

VICTOR. Viens, Madeleine, viens...

MADELEINE, *le repoussant.* Oh! laissez-moi, laissez-moi.

VICTOR. Madeleine... il y va de la vie, peut-être.

LAMBERT. Partez...

Nouveaux cris.

MADELEINE. Ils viennent m'arrêter... comme Geneviève Salmon... Oui... on me l'a dit... tout à l'heure... comme elle, ils me traîneront au supplice...

VICTOR. Viens, te dis-je, viens...

MARIANNE. Les voilà!

Les cris se rapprochent. On entend briser des vitres.

VICTOR, *saisissant Madeleine et l'entraînant. Ils arriveront trop tard! Cris au dehors:* Madeleine!... l'infanticide!...

Ils sortent par le jardin. Marianne les suit.

LAMBERT, *à Georges.* Pour leur donner le temps de fuir, aidez-moi, monsieur; fermons les fenêtres, barricadons les portes!

Ils exécutent ce mouvement.

LAMBERT. Pressez leur départ, monsieur; ma place est ici... je reste.

Georges sort. Aussitôt après les paysans se précipitent en scène par l'escalier du grenier.

LES PAYSANS. Madeleine!... l'infanticide...

LAMBERT, *cherchant à les calmer.* Mes amis!

THOMAS. Geneviève Salmon a été livrée à la justice; pour Madeleine aussi faut que justice se fasse.

TOUS. Justice! justice!

LAMBERT. Écoutez-moi!

THOMAS. Mais, monsieur le curé, c'est la maîtresse d'un riche; c'est pour cela qu'on veut la sauver...

TOUS. Oui! oui!

UN PAYSAN, *allant ouvrir la porte du fond.* A nous, vous autres.

Une foule d'hommes et de femmes se précipite dans la chambre. La fenêtre a été brisée au moment où les paysans ont paru sur l'escalier.

THOMAS. C'est par là qu'on l'a fait sortir; venez, venez!

Ils vont pour se précipiter dans le jardin. Victor, un fusil de chasse à la main, entre en scène et les couche en joue.

VICTOR. Le premier qui s'avance, je le tue! *Les paysans reculent effrayés. Lambert se place au milieu du théâtre, entre eux et Victor.*

ACTE IV.

Deux ans après le troisième acte. La maison du curé. Une salle au rez-de-chaussée, ouvrant sur la rue. Meubles simples. Intérieur propre et modeste. Au fond, une alcôve fermée par des rideaux de serge verte. Une porte conduisant au dehors; à gauche, au premier plan, un fauteuil; près du fauteuil, un paravent, une cheminée. Au troisième plan, une porte conduisant à l'office et au jardin. A droite, au troisième plan, une grande fenêtre garnie de rideaux comme le lit. Au deuxième plan, un buffet. Au premier plan, une table, une chaise en chêne.

SCÈNE PREMIÈRE.

NICOLE, PIERRE, *puis* AMBROISE.

Nicole et Pierre entrent mystérieusement par le fond. Nicole tient un bouquet.

PIERRE. Personne!

NICOLE. Nous sommes les premiers.

AMBROISE, *sortant de la porte à gauche qui conduit au jardin.* Après moi, mes enfants!

PIERRE ET NICOLE. Ambroise!

AMBROISE. Chut!... je viens d'enfermer Mathurine, la servante de M. le curé, dans le potager; nous sommes maîtres de la maison .. et nous pouvons la fleurir tout à notre aise.

PIERRE. Dis donc, Nicole, il a eu la même idée que nous!

AMBROISE. Est-ce que vous croyez qu'il y aura quelqu'un dans le village qui oubliera la Saint-Pierre... plus souvent! L'année dernière, et à cause de la disparition de Madeleine, qu'il aimait tant, M. le curé n'a pas voulu qu'on lui souhaitât sa fête... mais cette année nous la fêterons double, n'est-ce pas?... et pour commencer je vais mettre mon bouquet sur sa table, et bien vite... car tout à l'heure il y en aura sur tous les meubles, des bouquets!

NICOLE. Père Ambroise a raison... V'là tous les voisins!

SCÈNE II.

LES MÊMES, THOMAS, PAYSANS.

Ils portent tous des bouquets.

THOMAS. Bonjour, vous autres... Nous ne serions pas plus exacts si nous nous étions donné rendez-vous...

AMBROISE. Dites-donc, les amis, M. le curé est allé au château, où madame de Francheville est arrivée hier, bien triste, la pauvre dame!... v'là l'heure du déjeuner, et M. le curé ne s'aviserait pas de se mettre en retard, de peur d'être grondé par Mathurine...

PIERRE. C't'idée d'avoir pris pour sa servante la plus mauvaise langue, la plus pie-grièche du pays!

AMBROISE. C'est pour la corriger, ou tout au moins pour en débarrasser les autres... c'est encore une bonne action qu'il a faite là. Finalement, M. le curé va rentrer, et faut qu'il trouve toute sa maison fleurie.

TOUS. C'est ça.

PIERRE, *se frottant les mains.* Il ne trouvera pas que des bouquets... faut pas m'en vouloir, mais j'ai apporté mieux que ça!

TOUS. Quoi donc?

THOMAS, *regardant les paysans avec lesquels il est entré.* Tiens... qu'est-ce que t'as donc apporté, Pierre?

PIERRE. Vous savez le beau trait que M. le curé a fait le mois passé...

THOMAS ET TOUS. Oui! oui!

AMBROISE. Mais moi, je n'le savons pas... lequel? il y en a tant!

PIERRE. Le vieux père Chapiseau, le fermier, avait été ruiné par la grêle; le propriétaire, qu'est dur comme un caillou, menaçait de le renvoyer s'il ne le payait pas. En faisant argent de tout, le pauvre Chapiseau se trouvait encore en défaut de cent écus; il parlait de se tuer... M. le curé apprend ça; il était à sec, le digne homme! et pourtant il s'en va un matin à Toulouse, et revient chez Chapiseau avec les cent écus!...

AMBROISE. Ah!

TOUS. C'est vrai.

PIERRE. Pour ça il avait vendu sa montre, ses couverts, sa grande timbale, ses boucles et jusqu'à sa bonne vieille tabatière!

AMBROISE. Ah! le brave homme, va!

PIERRE. Ça n'a été que par hasard que nous l'avons su... Alors, nous nous sommes réunis quelques voisins, et, sans rien dire, nous avons racheté sa timbale...

NICOLE. Sa timbale...

PIERRE. Que nous allons lui mettre sur sa table!

THOMAS. Alors, il y trouvera aussi sa montre, ses boucles et sa tabatière, car je les avons rachetées hier au soir.

AMBROISE. C'est bien, ça, mes enfants! et moi qui n'ai pu lui apporter qu'un pot de fleurs... mais c'est égal, je veux qu'il reste aussi sur la table!

NICOLE. Il y aura place pour tout, père Am-

broise... je vas remplacer Mathurine et mettre le couvert... Fais le guet, mon petit Pierre.

Chacun aide Nicole.

THOMAS. Ousque nous mettrons la montre, les boucles et la tabatière?

NICOLE, *qui met le couvert.* Sous la serviette.

TOUS. C'est ça!

PIERRE, *au fond.* Alerte! M. le curé traverse la place!

THOMAS. Je voudrais bien voir l'effet que ça lui fera!

TOUS. Moi aussi!

NICOLE. Eh bien, cachez-vous!

TOUS *ceux qui sont entrés avec Thomas.* Où ça?

NICOLE. Ah! vous, derrière les rideaux du lit.

TOUS *ceux entrés avec Pierre.* Eh ben, et nous?...

NICOLE. Vous, derrière ceux de la fenêtre; moi, Pierre et Ambroise, nous allons nous cacher derrière le paravent.

TOUS. C'est ça! en place!

Ils vont se cacher.

NICOLE, *fermant le paravent.* C'est fait!

Les autres ferment les rideaux; quand le curé entre, il ne peut voir personne.

SCÈNE III.

LES MÊMES, LAMBERT, *puis* MATHURINE.

Nicole, Pierre et Ambroise sont derrière le paravent, Thomas est derrière le rideau de la croisée, les autres sont dans l'alcôve.

LAMBERT. Madame de Francheville n'était pas chez elle, et M. Victor de Francheville s'étant senti un peu mieux est allé jusqu'à Toulouse. Il doit être tard, et Mathurine m'attend pour me gronder.

Ici, on entend derrière la porte du jardin la voix de Mathurine.

MATHURINE. Allons, v'là encore le vent qui a fermé la porte, et je suis enfermée dehors...

LAMBERT, *allant lui ouvrir.* J'arrive, je le vois, tout à fait à propos.

MATHURINE. Comment! c'est déjà vous, monsieur le curé?

LAMBERT. Déjà?

MATHURINE. C'est que le déjeuner n'est pas prêt... il n'est pas dix heures.

LAMBERT. Ma pauvre Mathurine... je vais te prouver le contraire...

Il va pour tirer sa montre, puis s'arrête en riant.

MATHURINE. Avec quoi?

LAMBERT. C'est juste! Décidément, je n'ai plus de mémoire!

MATHURINE. Une montre superbe! qu'était large comme la main!... l'avoir vendue pour obliger un ingrat, je le parierais!

LAMBERT. Mathurine!

MATHURINE. Oui, monsieur, un ingrat! comme les autres... Vous avez fait du bien à tous les habitants du village... et voyez, il n'y en a pas un qui ait seulement songé à votre fête!

LAMBERT. Encore de la médisance!

MATHURINE. Non, monsieur le curé! c'est la vérité... ça m'indigne!...

LAMBERT. Allons, je veux bien prendre cela pour un reste d'habitude... Mais parlons d'autre chose... de mon déjeuner par exemple... mettez le couvert.

MATHURINE. Joli couvert!... un homme comme vous manger dans de l'étain!... ah! ça me fend le cœur toutes les fois que... (*Elle va au buffet, en tire quelques assiettes sur lesquelles elle met des couverts d'étain; elle va ensuite à la table, et de surprise laisse tomber les assiettes.*) Ah!

LAMBERT. Bien!

MATHURINE. Voyez donc, monsieur le curé... voyez donc!...

LAMBERT, *souriant.* J'ai entendu... ça me suffit...

MATHURINE. Mais regardez donc sur la table.

LAMBERT. Hein?... que vois-je!...

MATHURINE. Vos couverts!... vot'timbale!

LAMBERT. Qui les a placés là!

MATHURINE Il n'est entré personne! et le couvert qui est mis!... jusqu'à votre serviette qui est en place. (*Elle lève la serviette.*) Ah !

Et elle laisse tomber la serviette.

LAMBERT. Qu'est-ce encore?

MATHURINE *pouvant à peine parler.* Votre tabatière... vos boucles... et votre montre!...

LAMBERT. Ma montre ?

MATHURINE. Ne touchez pas à ça, monsieur, il y a de la sorcellerie là dedans !

Lambert a vu remuer les rideaux de la fenêtre.

LAMBERT, *souriant.* En vérité?... Eh bien... moi je crois que les sorciers ne sont pas loin !

MATHURINE. Hein?...

LAMBERT. Je suis sûr qu'ils sont ici... cachés...

MATHURINE, *effrayée.* Où çà ?

LAMBERT. Tiens, derrière ces rideaux... (*Il va les soulever et découvre Thomas.*) Regarde..

Il l'amène par l'oreille au milieu du théâtre.

THOMAS. C'est pas moi!

UN PAYSAN, *ouvrant le rideau du lit.* Ni moi!

NICOLE, *montée sur le fauteuil et passant sa tête par dessus le paravent.* Ni moi!

PIERRE, *passant sa tête aussi.* Ni moi!

MATHURINE, *qui s'est retournée à chaque mot.* Il y en a donc partout!

LAMBERT. Et tu me soutenais qu'il n'était entré personne. Approchez, mes enfants, et venez tous m'embras er...

AMBROISE, *élevant son pot de fleurs.* Vive monsieur le curé! vive Pierre!

TOUS, *sortant de leur cachette.* Vive Pierre! Ils l'entourent et l'embrassent en lui offrant leurs bouquets.

LAMBERT, *ému jusqu'aux larmes.* Eh ben, Mathurine, diras-tu encore que ce sont des ingrats? (*Il se retourne et aperçoit Ambroise qui tient son pot de fleurs.*) Et toi aussi, mon vieil Ambroise.

Il l'embrasse avec effusion.

PIERRE, *qui a remonté la scène.* Madame de Francheville.

TOUS, *à demi-voix.* Madame de Francheville !

SCÈNE IV.

LES MÊMES, MADAME DE FRANCHEVILLE.

Elle est vêtue de noir; sa figure pâle porte les traces d'une grande douleur. Le curé va au-devant d'elle. Madame de Francheville paraît étonnée de voir tant de monde.

LAMBERT. J'avais appris hier votre retour d'Italie, madame, et ce matin je me suis présenté au château .. vous semblez surprise de voir tant de monde chez moi... c'est aujourd'hui ma fête, et mes enfants ont bien voulu s'en souvenir.

MADAME DE FRANCHEVILLE. Je regrette, monsieur Lambert, que mon arrivée ait troublé la joie de ces braves gens... Je sais combien ils vous aiment, je sais aussi combien vous méritez leur attachement.

PIERRE. J'avons plus rien à faire ici... monsieur le curé... madame...

LAMBERT. Vous partez... et je ne vous ai pas remerciés...

PIERRE. Vous nous avez appelés vos enfants, nous sommes bien récompensés.

LAMBERT. Je vous reverrai ce soir à la veillée... allez, mes bons amis, allez... (*Il leur serre à tous la main. Ils sortent. A Mathurine.*) Je déjeunerai plus tard.

Mathurine retire le couvert et sort par la porte du fond.

SCÈNE V.

LAMBERT, MADAME DE FRANCHEVILLE.

LAMBERT. Vous paraissez faible et souffrante, madame...

Il lui avance la chaise près de la table à gauche, sur laquelle elle se place, et fait signe à Mathurine de sortir.

MADAME DE FRANCHEVILLE, *essuyant ses leurs.* Dieu m'a cruellement éprouvée, monsieur Lambert... Partie il y a dix-huit mois pour l'Italie, dont le climat devait rendre la santé à ma fille bien-aimée, tombée subitement malade à Paris... je reviens seule en France... seule!

Elle sanglote.

LAMBERT. Cette perte si douloureuse était tout à fait imprévue... ce n'était pas la jeune fille de M. le baron de Francheville que la mort semblait devoir frapper si tôt !

MADAME DE FRANCHEVILLE, *à part.* C'est un châtiment peut-être !

LAMBERT. A une mère qui pleure son enfant, on ne peut faire entendre une parole de consolation... Mais vous êtes chrétienne, madame!... gardez vos prières et vos pleurs pour l'ange que vous avez perdu!... gardez votre tendresse et vos soins pour l'infortuné qui souffre.

MADAME DE FRANCHEVILLE. Oui, monsieur... à Victor je consacrerai tout ce qui me reste de force et de courage... Mais, hélas! je devrai voir se flétrir et s'éteindre aussi ce dernier rejeton des Francheville !

LAMBERT. Durant votre absence, nous avons, en effet, tremblé pour les jours de M. Victor... Grâce au ciel, un mieux sensible est survenu, et ce matin, M. Victor a pu aller jusqu'à Toulouse!... on annonçait même qu'il voulait rentrer au barreau...

MADAME DE FRANCHEVILLE. Le médecin n'espère plus, monsieur... dans huit jours, demain, ce soir, me disait-il, le danger peut renaître. Aussi n'est-ce plus qu'en la bonté de Dieu que je mets mon espoir et ma foi!... Oh! dites-moi, monsieur, dites-moi comment je puis appeler sur nous sa miséricorde.

LAMBERT. En accomplissant les deux plus saints devoirs que la religion nous impose! la prière et la charité.

MADAME DE FRANCHEVILLE, *avec exaltation.* Oh! je prierai, monsieur, je prierai jour et nuit, s'il le faut!!.. Prosternée sur le marbre du temple, je le baignerai de mes larmes... vous ne me signalerez pas une misère qu'elle ne soit à l'instant secourue... Mais ce n'est pas assez de la prière!... On arrive à Dieu par la pénitence.. quelque dure que soit celle que vous m'imposerez, je l'accomplirai, monsieur!

Elle tombe à genoux.

LAMBERT. Madame!

MADAME DE FRANCHEVILLE. Oh! c'est que vous ne savez pas tout ce que je souffre!... Dieu repoussera mes prières! Je lui demande grâce... et je n'ai pas fait grâce... et je n'ai pas eu de pitié, moi... Une image me poursuit partout!... c'est un fantôme qui s'attache à ma vie... quand je priais pour mon enfant... ce fantôme se dressait devant moi; quand je pleurais ma fille morte!... ce fantôme était encore là! ce spectre... cette menace, ce châtiment... c'était Madeleine!...

LAMBERT, *la relevant.* Calmez-vous, madame... c'est involontairement que vous avez fait le malheur de cette pauvre fille...

MADAME DE FRANCHEVILLE. Qu'est-elle devenue?... Oh! dites-le-moi!... et tout ce que je pourrai faire pour elle, je le ferai... car elle est innocente, monsieur. (*Mouvement du Curé.*) Je la crois innocente.

LAMBERT. Hélas! madame, je l'ai dit à M. Victor, qui lui non plus ne la croit pas coupable... Depuis le jour où, dans un accès de délire, elle s'est enfuie de la retraite que je lui avais choisie, on n'a plus entendu parler d'elle?... Partie seule, il y a quinze mois, au milieu de la nuit, sans argent, sans guide!... elle sera morte, sans doute, de misère et de faim.

MADAME DE FRANCHEVILLE, *à part.* Oui, morte!... et Dieu m'en a punie! et Dieu m'a frappée dans ma fille, qui est morte aussi!... Oh! mais je vous dirai tout, mon père... car je ne veux pas vivre maudite et mourir désespérée!... Je vous dirai tout... Madeleine...

Ici, Georges, qui est entré pendant les derniers mots, s'avance vivement entre le curé et madame de Francheville.

SCÈNE VI.

LES MÊMES, GEORGES, *puis* MATHURINE.

GEORGES. Je vous cherchais, madame!

MADAME DE FRANCHEVILLE, *avec terreur.* Georges!

LAMBERT. Monsieur Georges !...

GEORGES, *avec politesse.* Excusez-moi, monsieur Lambert, si, dès mon arrivée, je n'ai pas prévenu la visite que vous avez bien voulu nous faire ce matin... Mais un incident fâcheux a occupé tous mes instants... Hier, en rentrant dans mon appartement, je me suis aperçu qu'un vol avait été commis au château... Quelques objets précieux... un portefeuille... des papiers de famille... un homme de ce pays, que madame de Francheville avait pris à son service, Baptiste Roussel, avait disparu la veille de notre retour; ce Baptiste doit être le coupable. J'ai porté plainte ce matin, il a été arrêté à Toulouse et conduit dans les prisons de la ville... monsieur le lieutenant de police a bien voulu se transporter lui-même au château pour recevoir nos déclarations; votre présence est donc indispensable.

MADAME DE FRANCHEVILLE. Eh! monsieur! pour quelques objets sans valeur peut-être... voulez-vous donc perdre à jamais ce malheureux?...

GEORGES. La clémence serait ici une coupable faiblesse... Le vol commis est d'ailleurs plus important que vous ne le pensez.

MADAME DE FRANCHEVILLE. Quoi qu'il en soit, je ne dirai rien contre cet homme... je ne verrai pas le lieutenant de police...

GEORGES, *à demi-voix.* Vous le verrez, madame, je vous en prie. (*Bas.*) Je le veux.

MADAME DE FRANCHEVILLE *avec crainte.* Je le verrai, monsieur.

MATHURINE, *en dehors.* Monsieur le curé! monsieur le curé!... (*Elle entre en courant et tout essoufflée.*) Ah! monsieur le curé... si vous saviez... je vous apporte une bonne nouvelle...

LAMBERT. Plus bas, Mathurine, plus bas !...

MATHURINE. Ah! c'est juste! Faites excuse, madame, monsieur et la compagnie... Mais je suis si contente... et figurez-vous, monsieur le curé que tout le monde là-bas est aussi content que moi!... c'est à qui le fêtera, l'embrassera...

LAMBERT. Qui donc?

MATHURINE. Et il est toujours le même; seulement, je crois qu'il est grandi...

LAMBERT. Mais qui?

MATHURINE. Je ne vous l'ai pas dit?... André!

TOUS. André !

MATHURINE. Qu'était parti à pied pour faire son tour de France, et qui revient en carriole.

LAMBERT. André !

MATHURINE. Et tenez, le v'là !

SCÈNE VII.

LES MÊMES, ANDRÉ. *Il est vêtu en paysan aisé, demi-guêtres noires, chapeau rond.*

ANDRÉ. Monsieur le curé !...

LAMBERT, *l'embrassant.* Mon bon André! que cela me fait de bien de te revoir !

ANDRÉ. Et à moi donc!... Ah! mais, vous avez de la compagnie... monsieur Georges !... madame la baronne de Francheville!

GEORGES. Madame... on nous attend au château... et nous embarrassons ce pauvre André, qui n'ose plus laisser éclater sa joie.

MADAME DE FRANCHEVILLE. Monsieur Lambert... nous nous reverrons...

GEORGES, *avec intention.* Au château.

MADAME DE FRANCHEVILLE. Bientôt, n'est-ce pas?

LAMBERT, *saluant.* Demain, madame.

GEORGES, *à part.* Demain?... nous aurons quitté ce pays.

MADAME DE FRANCHEVILLE, *s'arrêtant en pas-*

sant près d'André. André.... vous étiez l'ami de Madeleine... (*Mouvement de Georges.*) Je ne l'oublierai pas...

Elle sort après *Georges*.

SCENE VIII.

LAMBERT, ANDRÉ, MATHURINE.

ANDRÉ, *regardant sortir la baronne.* Dites donc, monsieur le curé, comme tout ce monde-là s'est radouci... ça ne m'étonne pas... tout a dû s'arranger après mon départ... Monsieur Victor m'avait tenu parole, il était venu de Paris; je m'en suis assuré en passant devant le château... et j'étais parti tranquille sur le sort de Madeleine... (*Mouvement de Mathurine réprimé par le curé.*) Ah ça... c'te chère sœur doit être heureuse! grande dame... Oh! vous pouvez me dire qu'elle est mariée!... ça ne me fera plus le même effet qu'autrefois... Deux années ont passé dessus mon amour... et j'ai eu le temps de me raisonner... Madeleine ne pouvait plus être ma femme... Et puis, le bon Dieu, qui n'oublie personne, m'a envoyé une consolation... Je ne suis plus seul au monde...

MATHURINE. Ah! bah!... vous êtes marié, monsieur André?

ANDRÉ. Marié! non.... c'est toute une histoire que je vous conterai, monsieur le curé, quand j'aurai déjeuné... En arrivant, j'ai déposé tout mon bagage au grand Saint-Eloi, et je suis accouru tout de suite ici...

LAMBERT. Eh bien, mon garçon, Mathurine va te conduire dans la petite salle...

ANDRÉ. Là, sans façons, j'accepte! et quand je serai un brin restauré, je vous ferai une petite confidence, et vous me donnerez conseil sur ce que je dois faire. (*Mathurine fait un mouvement pour écouter, le curé l'arrête*). Après j'irai voir Madeleine... ça, je ne pourrais pas laisser passer la journée sans ça...

LAMBERT. Mathurine, donne à André ce que tu as de meilleur dans la maison... (*A demi-voix.*) Ne lui parle pas de Madeleine... laissons un peu de bonheur à ce pauvre garçon qui est si joyeux de nous revoir. (*A André.*) Va, mon ami, suis Mathurine.

MATHURINE. Allons, viens, mon petit André.

ANDRÉ, *riant.* Encore une qui s'est radoucie.. Thomas m'assurait tout à l'heure que t'étais devenue bonne et que tu n'étais plus bavarde... Qu'on dise donc à présent qu'on ne fait plus de miracles!

Il sort en riant avec Mathurine, par la porte à gauche.

SCÈNE IX.

LAMBERT, *puis* MADELEINE.

LAMBERT. La joie d'André, à la pensée du bonheur de Madeleine, me déchirait l'âme.. et je n'ai pas eu le courage de lui dire l'affreuse vérité... Madeleine!... ô mon Dieu! pardonnez-moi, car j'ai douté parfois de votre souveraine justice!... Madeleine ne méritait pas sa destinée... et aujourd'hui... tout à l'heure... il me semblait que la preuve de son innocence allait m'être donnée!... Oui... dans les regards... dans les accents de la baronne de Francheville... il y avait plus que de la douleur... il y avait un remords... « Vous ne savez pas tout, disait-elle... Madeleine...» Puis, à la vue de monsieur Georges, sa voix s'est glacée, son front a pâli!... Georges... depuis la disparition de Madeleine, il n'a plus quitté la baronne; parti avec elle, il est revenu avec elle... D'où peut donc naitre l'empire qu'il exerce sur sa parenté?... Pourquoi cette terreur qu'elle n'a pu maîtriser à son approche?... (*Il va s'asseoir dans le grand fauteuil, à gauche.*) Entre madame de Francheville et cet homme, il y a un secret!... un crime, peut-être!... Ah! je reverrai la baronne!... Je lui arracherai cet aveu qui allait s'échapper de ses lèvres... Mais cet aveu tardif ne réparera rien!... Oh! je blasphème, Seigneur! si Madeleine est innocente, vous avez veillé sur ellle... car vous êtes bon et miséricordieux. Seigneur!... (*En achevant ces mots, il a pris sur la cheminée un livre de prières qu'il ouvre. — A ce moment, une femme couverte de haillons s'arrête à la porte. Elle paraît accablée de fatigue. A la vue du curé, elle fait un dernier effort pour arriver jusqu'à lui. Elle approche et tombe à genoux en silence. Lambert l'apercevant et quittant son livre.*) Mon enfant, je ne suis pas riche... (*Il lui donne une pièce de monnaie qu'elle laisse tomber à terre, et sans rien dire, elle prend la main du curé et l'embrasse en pleurant amèrement.*) Pourquoi pleurez-vous? pourquoi baisez-vous ma main? que voulez-vous de moi?

MADELEINE, *relevant la tête.* Votre bénédiction avant de mourir.

LAMBERT, *jetant un cri et se levant.* Madeleine! Madeleine! et dans quel état, grand Dieu!... (*Il la relève.*) C'est bien elle! elle expirante de fatigue, de besoin peut-être!... Mettez-vous là, mon enfant, mettez-vous là!... (*Il la fait asseoir dans son fauteuil.*) Oh! ne parlez pas avant d'avoir repris quelque force. Tenez... (*Il prend sur la cheminée un verre et un flacon*) Tenez, ceci vous ranimera. (*Il lui en verse quelques gouttes.*) Madeleine! si quelqu'un l'avait reconnue!... (*Il court fermer la porte du fond, puis celle de l'office. Revenant.*) Il ne faut pas qu'on vous voie.

MADELEINE. Ces précautions sont inutiles... Je suis venue me livrer à mes juges... Rien ne m'attache plus à la vie, et je suis lasse de souffrir.

LAMBERT. Madeleine, ne désespérez pas. mon enfant; les décrets de la Providence sont impénétrables! C'est la main de Dieu, peut-être, qui vous ramène ici au jour et à l'heure où un rayon de lumière brille à mes yeux!...

MADELEINE. Un seul espoir me restait, et cet espoir je ne l'ai plus.

LAMBERT. Quel était-il?

MADELEINE. Dans la retraite où vous m'aviez placée, près de la vieille et bonne parente aux soins de laquelle vous m'aviez confiée, une pensée m'était venue: mon enfant existait! on l'avait arraché de mes bras pour l'exposer, le perdre; mais on n'avait pu avoir l'horrible courage de l'égorger! cette pensée était devenue incessante. Le jour, la nuit, une voix secrète me disait: Va, cherche et tu retrouveras ton enfant. Je crus que cette voix était celle de Dieu, et je partis; je partis, n'emportant avec moi que le lambeau de ma mante, lambeau qui pouvait devenir un indice. Travaillant aujourd'hui, mendiant demain, je parcourus toute la province. Deux fois, la tâche dépassant mes forces, je tombai malade... deux fois les portes d'un hôpital s'ouvrirent pour moi!... Mais avec ma raison mon courage était revenu. J'allais, cherchant, interrogeant, visitant tous les hospices d'enfants trouvés!... Près de deux années s'écoulèrent ainsi... Alors le désespoir s'empara de moi; je compris que cet avertissement céleste n'avait été qu'un accès de délire et que mon enfant était mort!... Dès ce moment, la vie n'était plus pour moi qu'un insupportable fardeau. Mais avant de la quitter, j'ai voulu revoir le pays où je suis née, où je fus si heureuse, où j'ai tant souffert!... Et puis une dernière espérance m'a soutenue, vous revoir, tomber à vos genoux et baigner une dernière fois de mes larmes cette main qui avait béni mon enfant.

LAMBERT. Et cette main vous protégera, pauvre mère!... Un pressentiment me dit que vous touchez au terme de votre douloureuse épreuve.

MATHURINE, *en dehors.* Là! le vent a encore fermé la porte!

LAMBERT. Mathurine!

ANDRÉ, *au dehors.* Attends, Mathurine, attends, je vas t'ouvrir.

MADELEINE. La voix d'André!

LAMBERT. Oui, André est de retour depuis une heure à peine.

MADELEINE. André avec vous, mon seul ami dans ce monde. Oh! je veux le voir!

LAMBERT. Je vous en supplie, Madeleine, différez, différez encore de vous montrer à lui! sa joie, son amitié trahiraient peut-être votre retour, et jusqu'à demain il faut que nul ne vous soupçonne ici. Madeleine, encore ce sacrifice, il le faut. Mais où vous cacher? cette chambre n'a pas d'autre issue.

MATHURINE, *en dehors.* Eh bien?

ANDRÉ, *au dehors.* Je ne peux pas en venir à bout.

LAMBERT, *courant au paravent.* Je vais les renvoyer; placez-vous là.

MADELEINE. Vous le voulez?

LAMBERT. Je vous en prie.

Il fait asseoir Madeleine dans le fauteuil et déploie le paravent autour d'elle, de façon à la cacher aux yeux des personnages qui sont en scène; après, il va ouvrir.

SCÈNE X.

MADELEINE, *cachée*, LAMBERT, MATHURINE, ANDRÉ.

ANDRÉ. Pardon, excuse, monsieur le curé... nous vous avons dérangé?

LAMBERT. Non, je lisais. Mathurine, tu vas courir chez Pierre, le fermier; tu demanderas à lui ou à Nicole, sa femme, la carriole fermée qu'il me prête quelquefois... J'ai une visite à faire dans les environs.

MATHURINE. Tiens! chez qui donc?

ANDRÉ. Allons, allons... Si tu es encore bavarde, je vois que t'es toujours curieuse.

LAMBERT. Hâtez-vous, Mathurine.

MATHURINE. Tout de suite, monsieur le curé. Venez-vous avec moi, André?

ANDRÉ. Non, non, j'ai à causer avec monsieur Lambert. Au revoir, Mathurine, au revoir.

LAMBERT. Mathurine!

MATHURINE. Je suis partie, monsieur, je suis partie.

Elle sort.

LAMBERT, *à André.* Mon ami, je te prie de remettre à demain le récit que tu as à me faire... Tu vois... je vais sortir.

ANDRÉ. Faites excuse, monsieur le curé... Mais les jambes de Mathurine ne vont pas aussi vite que sa langue, et vous aurez le temps de m'écouter. C'est de ma petite confidence qu'il s'agit, et en m'écoutant c'est peut-être encore une bonne action que vous allez faire. Ce n'est pas de moi qu'il s'agit.

LAMBERT. Parle; je t'écoute.

ANDRÉ. Comme je vous le disais tout à l'heure, je ne suis pas arrivé seul au pays... Si je regrette moins l'amour de Madeleine, c'est que quelqu'un m'aime à présent... si j'ai travaillé si fort depuis deux ans, si je suis heureux d'avoir amassé une petite fortune, c'est que ce travail, cette fortune profiteront à quelqu'un...

MADELEINE, *à part.* Bon André! il est heureux!.. Oh! je vous en remercie, mon Dieu!..

LAMBERT. Eh bien, mon ami, continue; mais hâte-toi!

ANDRÉ. Oh! vous savez que je ne fais pas de phrases... Mon histoire remonte à deux ans, juste à la nuit de mon départ... Après m'être assuré de l'arrivée de monsieur Victor, je voulus rattraper le temps que j'avais perdu, et pour couper court, je descendis le sentier du Diable, qui est abandonné depuis longtemps à cause des éboulements; j'avais tout juste de quoi poser le pied... à droite, la montagne qui est coupée presque à pic; à gauche, le précipice qui n'a pas de fond, à ce qu'on dit; il faisait clair de lune, j'ai bon pied bon œil; je marchais bravement, en regardant pourtant plus à droite qu'à gauche... tout à coup, à l'endroit où le chemin est le plus enfoncé, à l'endroit où on se trouve à plus de trente pieds au-dessous du sentier des Bruyères...

MADELEINE, *relevant la tête.* Le sentier des Bruyères!...

Elle écoute.

ANDRÉ. Je vois comme une petite masse blanche suspendue au-dessus de l'abîme et retenue par une touffe de bruyères... J'suis pas poltron... mais l'heure, le lieu, ça n'était pas rassurant... Enfin j'approche, je regarde... et qu'est ce que je vois?... un enfant!

MADELEINE, *se levant.* Un enfant!

LAMBERT. Mort!

ANDRÉ. Du tout! il était si bien enveloppé qu'il ne s'était pas même blessé en roulant jusque-là.

LAMBERT. Mon Dieu!

MADELEINE, *portant la main à son front.* Mon Dieu!

ANDRÉ. Cet enfant avait dû être jeté là avec intention : je me dis : C'est quelque mauvaise mère qui aura fait ce coup-là; alors, ma foi, je pris l'enfant, je l'emportai, je l'ai gardé... et il existe encore, Dieu merci!

MADELEINE, *sortant de derrière le paravent, qu'elle renverse à moitié.* Il existe!

ANDRÉ. Madeleine!

MADELEINE, *courant à lui.* Tu l'as sauvé, toi!... toi, André!

LAMBERT. Cet enfant était enveloppé d'une mante.

ANDRÉ. Oui.

MADELEINE, *lui montrant le lambeau.* D'une mante semblable à celle-ci?

ANDRÉ. Tout à fait semblable.

MADELEINE, *tombant aux genoux d'André.* C'est lui!... André. c'est mon enfant que tu as sauvé... Mon enfant, entends-tu bien, mon ami, mon frère?... Sois béni dans le ciel!

Elle l'embrasse.

ANDRÉ. Son enfant!

LAMBERT. Oui, oui, son enfant.

MADELEINE. Où est-il?... Conduis-moi, que je le voie, que je l'embrasse!

ANDRÉ. Je crois que je rêve!

MADELEINE. Réponds... où est-il?

ANDRÉ. A l'auberge où je suis descendu.

MADELEINE. Viens!

LAMBERT. Madeleine, je comprends votre bonheur, votre ivresse... mais, je vous en supplie, ne sortez pas d'ici!

MADELEINE. Oui, mon père, je vous obéirai. Mais, va, va, André!

ANDRÉ. Oh! tranquillisez-vous, Madeleine; je vais vous l'amener, c't'enfant... je vais vous le rendre!

LAMBERT. Hâte-toi!

MADELEINE. Vole, cours!

ANDRÉ. Je cours... puis vous me direz, vous m'expliquerez... Oui, oui, Madeleine, je m'en vas... (*A part.*) C'était l'enfant de Madeleine... C'est donc pour ça que je l'aimais tant?...

LAMBERT *et* MADELEINE. Va, cours, hâte-toi.

Il sort en courant.

SCÈNE XI.

LAMBERT, MADELEINE, *puis* MATHURINE.

MADELEINE. Ah! monsieur le curé, dites-moi donc que tout cela n'est pas un rêve!

LAMBERT. Non, non, ma fille... c'était pour vous donner enfin ce jour de bonheur et de joie, que Dieu vous a soutenue, guidée jusqu'ici. (*A part.*) Oh! pardonnez-moi d'avoir douté de votre justice; vous êtes bon et miséricordieux, Seigneur!

MADELEINE. Il existe!... je vais le revoir!... lui, mon enfant que j'ai tant pleuré, pour qui j'ai tant souffert!... Oh! mes larmes et mes souffrances me le rendront plus cher encore... A Victor qui m'accusait, à mes juges qui m'ont condamnée, je pourrai dire : Vous voyez bien qu'une mère ne tue pas son enfant!

LAMBERT. Madeleine, il faudra me laisser agir, et vous ne paraîtrez devant vos juges que lorsque toutes les preuves de votre innocence seront réunies... Par grâce, laissez-moi cacher encore votre retour.

MADELEINE. Ce retour ne doit plus être un secret.

LAMBERT. Comment?

MADELEINE. Ce matin, j'ai été suivie, épiée, par un homme qui ne m'a quittée qu'à l'entrée de ce village, et cet homme a dit en s'éloignant : C'est elle! c'est bien elle!

LAMBERT. Ah! mon Dieu!

MATHURINE, *entrant.* Ah! monsieur le curé, en voilà bien d'une autre!... On dit que Madeleine... (*L'apercevant.*) Ciel!

LAMBERT. Taisez-vous!... il faut qu'on ignore...

MATHURINE. Mais tout le village sait qu'elle est ici!

SCÈNE XII.

LES MÊMES, PIERRE, *puis* THOMAS, LES PAYSANS, *ensuite* ANDRÉ.

TOUS, *entrant.* Madeleine! Madeleine!

PIERRE, *accourant.* Monsieur le curé, la pauvre fille a été dénoncée... la maréchaussée a été prévenue... Le pays est en rumeur, mais cette fois tout le monde est pour Madeleine, car André a parlé; maintenant nous savons qu'elle est innocente et nous la sauverons.

TOUS. Oui, oui, nous la sauverons.

THOMAS, *entrant avec plusieurs autres.* La maréchaussée vient d'arriver... Emmenez Madeleine, monsieur le curé, et je vous promets que vous aurez le temps de prendre de l'avance!

LAMBERT. Madeleine, profitons du dévouement de ces braves gens... venez!

TOUS. Oui, venez, Madeleine.

MADELEINE. Non, mon père; non, mes amis, je ne fuirai pas... Maintenant que Dieu m'a rendu mon enfant, je veux vivre... mais je veux vivre sans honte et sans opprobre... Un arrêt infamant pèse sur moi, il faut que cet arrêt soit cassé... Oh! ne craignez rien pour moi, j'ai retrouvé force et courage, je relève la tête!... A présent, qu'on me conduise devant mes juges, je leur dirai la vérité, toute la vérité... Dieu fera le reste!

THOMAS. Voilà la maréchaussée!

MADELEINE. Oh! je ne partirai pas sans avoir embrassé mon enfant!

ANDRÉ, *accourant. tenant l'enfant dans ses bras.* Le voilà, Madeleine, le voilà!

MADELEINE, *le couvrant de baisers et tombant à genoux.* Ah!

ANDRÉ. On veut conduire Madeleine à Toulouse, mais ce ne sera pas en compagnie des gendarmes qu'elle y entrera; nous lui formerons à nous tous une escorte, et nous crierons à tue-tête : Ce n'est pas une coupable que nous amenons, c'est une innocente qui vient demander justice et réparation!

MADELEINE. Oui, justice et réparation!... A Toulouse!

LAMBERT. Madeleine, Dieu veut achever son œuvre... A Toulouse!

TOUS. A Toulouse!

Lambert a pris le bras de Madeleine. André a pris l'enfant.

ACTE V.

Un salon du château des Bruyères. Meubles riches. Porte au fond, portes latérales.

SCÈNE PREMIÈRE.

ANTOINE, GEORGES, MADAME DE FRANCHEVILLE.

Au lever du rideau. Antoine range le salon. La porte du fond s'ouvre violemment.

GEORGES, *à Antoine.* Antoine, laissez-nous... Ah! Victor est-il chez lui?

ANTOINE. Monsieur de Francheville est parti ce matin pour Toulouse, et n'est pas encore revenu.

GEORGES. C'est bien, allez. (*Antoine sort. Georges revenant à madame de Francheville.*) Je vous le répète, Caroline, nous partons demain... Votre faiblesse nous perdrait. Pourquoi cette visite mystérieuse à monsieur Lambert? Qu'alliez-vous faire chez cet homme, dont l'œil scrutateur aurait pu facilement lire dans votre âme? Ne pouviez-vous au moins commander à votre voix d'être ferme, à votre visage d'être calme?

MADAME DE FRANCHEVILLE. Puis-je commander à mon cœur? puis-je en chasser le remords qui le déchire?

GEORGES. Le remords?... et de quoi donc vous repentez-vous?... Ce que nous avons fait, ne le ferions-nous pas encore? Madeleine pouvait accomplir notre ruine; elle a voulu lutter contre nous, et comme tout obstacle, j'ai dû le briser... Mais sa fuite, sa disparition l'ont mise à l'abri de toutes recherches, de toutes poursuites.

MADAME DE FRANCHEVILLE. Et son enfant?

GEORGES. Je vous l'ai dit : il est perdu pour Victor... pour sa mère; mais il existe.

MADAME DE FRANCHEVILLE. Vous me l'avez juré... Ne m'avez-vous pas trompée?

GEORGES. Dans quel but? pourquoi me soupçonner d'un crime inutile?... Ce qu'il me fallait, c'était l'éloignement du fils de Madeleine, et non sa mort.

MADAME DE FRANCHEVILLE. Mais elle... elle... qui à cause de nous, et par nous, a été flétrie, condamnée... Elle, que nous avons séparée de son enfant... Le désespoir l'a tuée sans doute! C'est pour venger sa mort, qu'est notre ouvrage, que Dieu m'a frappée dans ma fille... Et vous voulez que je sois calme... Mais n'ai-je donc à combattre que le souvenir de Madeleine?... Depuis hier, n'ai-je pas sous les yeux Victor, pâle et défaillant... Victor que nous avons tué aussi, peut-être?

GEORGES. Que pourrait à présent Victor pour Madeleine?

MADAME DE FRANCHEVILLE. Il réhabiliterai sa mémoire, il me pardonnerait peut-être.

GEORGES. Et voilà ce qui vous préoccupe... la mémoire d'une morte, le pardon d'un mourant... Vous me faites pitié!

MADAME DE FRANCHEVILLE. Et vous... vous me faites horreur!

GEORGES. Soit; mais je ne vous laisserai pas renverser dans un jour de faiblesse l'œuvre de deux années.

MADAME DE FRANCHEVILLE. Oh! taisez-vous, taisez-vous!

GEORGES. J'entends du bruit... C'est Victor qui rentre, sans doute... Allons, remettez-vous, Caroline, remettez-vous.

ANTOINE, *entrant et remettant une lettre.* De la part de monsieur le lieutenant de police.

GEORGES. Donnez. (*A la Baronne.*) Il s'excuse sans doute de n'avoir pu se rendre au château, comme il me l'avait promis.

ANTOINE. Monsieur de Francheville.

SCÈNE II.

LES MÊMES, VICTOR.

Il est entièrement vêtu de noir. Les deux années qui ont passé ont sillonné son visage. Il est pâle et paraît faible et souffrant. Madame de Francheville est allée au-devant de lui. Georges le regarde attentivement. Victor, sans les voir, est allé placer sur un fauteuil qui est à l'avant-scène; laisse tomber sa tête sur une de ses mains.

MADAME DE FRANCHEVILLE, *bas, à Georges.* Mon Dieu, qu'il est pâle, abattu!...

GEORGES, *allant à Victor et lui prenant la main.* Mon ami...

VICTOR, *sortant de sa rêverie.* Georges... vous, madame, vous étiez là... Pardon...

MADAME DE FRANCHEVILLE, *s'approchant.* Vous me paraissez bien fatigué de la longue course que vous avez faite... Souffrez-vous?

VICTOR, *souriant, et avec effort.* Non... je me sens mieux, beaucoup mieux, aujourd'hui.

MADAME DE FRANCHEVILLE. Vous êtes sorti ce matin, et pourtant le docteur vous avait défendu.

VICTOR. Le docteur... je suis résolu à ne lui plus obéir.

MADAME DE FRANCHEVILLE. Comment?

VICTOR. Était-ce donc vivre que d'oser à peine parler et se mouvoir... que de torturer sans cesse son corps et son âme... Non... non... je veux reprendre ma place à la cour de Toulouse... J'ai tout à l'heure annoncé au président que je me mettais à sa disposition, et que dès aujourd'hui il me trouverait prêt à instruire l'affaire qu'il jugerait à propos de me confier.

GEORGES. Mais ce travail sera au-dessus de vos forces.

VICTOR. Non, non... Mon corps s'est affaibli; mais mon esprit a conservé toute son énergie... c'est lui qu'il faut que j'occupe, que je fatigue.

GEORGES. Le repos le plus absolu vous était ordonné.

VICTOR. Ne comprenez-vous pas que c'est ce repos qui me tue... Ne comprenez-vous pas qu'il est un souvenir qu'il faut à tout prix que j'efface de ma pensée.... Hier encore, ne m'avez-vous pas entendu prononcer avec des cris de désespoir le nom de cette infortunée que je ne puis chasser de mon cœur...ce nom qu'il faut que j'oublie pour ne pas douter de la justice de Dieu.

GEORGES. Allons, mon ami, éloignez ce triste souvenir.

VICTOR. Madeleine!...

MADAME DE FRANCHEVILLE. Madeleine!...

VICTOR. C'était ma vie... En vain tout semble l'accuser... Je l'aime, entendez-vous... je l'aime encore, folle, condamnée, et morte, sans doute, comme j'aimais la douce et confiante jeune fille qui avait eu foi en mon amour et en mon honneur... Je l'aime comme si elle était là, devant moi, offrant à mes baisers le front de notre enfant... de notre enfant, que dans son délire... Ah! madame, vous qui pleurez votre fille, en m'écoutant, vous comprenez maintenant toutes mes tortures... Vous voyez bien, Georges, (*se frappant le front*) que c'est là qu'est mon mal... Vous voyez bien qu'il me faut du travail, vous voyez bien que le repos me tuerait.

Il tombe sur son fauteuil.

SCÈNE III.

LES MÊMES, ANTOINE, UN HUISSIER.

ANTOINE, *entrant et précédant l'huissier.* Monsieur...

VICTOR. Qu'est-ce?

ANTOINE, *montrant l'huissier.* De la part de monsieur le premier président.

L'HUISSIER, *remettant un dossier à Victor.* M. le président m'a chargé, monsieur, de vous remettre ces pièces. Vu l'urgence de l'affaire et l'état de votre santé, monsieur le président a ordonné que l'accusée fût amenée au château pour être, ainsi que les principaux témoins, interrogée par vous, aujourd'hui même.

VICTOR. Je vais examiner ce dossier.

L'HUISSIER. L'accusée et les témoins sont là.

VICTOR. C'est bien... dans quelques minutes je pourrai les entendre.

L'HUISSIER. J'attendrai vos ordres.

Il salue et sort.

GEORGES, *lisant la lettre qu'on lui a remise.* « Baptiste Roussel s'est refusé à restituer le portefeuille, et il a été impossible de le retrouver. » (*A part.*) Fatalité!

Après la sortie de l'huissier et pendant que Georges a lu son billet, Victor dénoue le cordon du dossier.

VICTOR. M. le premier pprésident a répondu à mes désirs; je vais me mettre immédiatement à l'œuvre.

MADAME DE FRANCHEVILLE. Prenez garde.

VICTOR, *souriant.* Merci de votre sollicitude; mais, je vous le répète, je suis bien!

Il lui serre la main et va s'asseoir.

MADAME DE FRANCHEVILLE, *à part.* Sa main est brûlante et son sourire me fait mal!

GEORGES. Venez, ma chère cousine... Victor a maintenant besoin d'être seul. (*A part.*) Je vais partir pour Toulouse... je verrai Baptiste Roussel ; à prix d'or, s'il le faut, j'obtiendrai la restitution de ce portefeuille... (*Haut.*) Venez, madame, venez...

Madame de Francheville n'entend pas Georges, elle considère Victor avec douleur. Victor, qui vient de lire le titre du dossier, se relève subitement en jetant un cri.

VICTOR. Ah!...

MADAME DE FRANCHEVILLE, *courant à lui.* Victor!

GEORGES, *même jeu.* Qu'avez-vous?

VICTOR, *lui remettant le dossier.* Tenez, lisez!...

GEORGES, *lisant* Accusation d'infanticide!

MADAME DE FRANCHEVILLE. Ciel!

VICTOR. Et c'est dans une pareille cause que je suis appelé à porter la parole! oh! mais c'est horrible!... Brisé par la douleur, je refuse pendant deux années de remplir mes terribles devoirs; et, lorsque je veux reprendre ma place, la première accusation que je dois soutenir est portée contre un infanticide! Oh! cette tâche serait au-dessus de mon courage, elle m'épouvante... Je n'en veux pas... je n'en veux pas!...

Il jette le dossier sur la table.

LAMBERT, *entrant.* Et pourtant, monsieur de Francheville, vous l'accepterez.

TOUS. Monsieur Lambert!

SCÈNE IV.

VICTOR, LAMBERT, GEORGES, MADAME DE FRANCHEVILLE.

GEORGES, *à part.* Lui!...

LAMBERT, *à Victor.* C'est à ma prière que M. le président vous a fait parvenir ce dossier, c'est à ma prière qu'il a consenti à ce que l'accusée fût interrogée par vous aujourd'hui même. (*Regardant Georges.*) Et, pour hâter encors la marche de cette triste procédure, monsieur le président a bien voulu désigner lui-même un défenseur d'office.

GEORGES. Et ce défenseur?

LAMBERT. C'est vous qu'on a nommé, monsieur.

GEORGES. Moi!

LAMBERT Quoique éloigné du barreau depuis quelque temps, vous y avez laissé de brillants souvenirs, et la défense ne pouvait être remise en de meilleures mains.

GEORGES, *à part* Tout cela est étrange!

VICTOR. Ah! monsieur Lambert! vous vous souvenez du passé... et vous avez pu croire que je...

LAMBERT. C'est parce que je me suis souvenu que je suis ici... c'est parce que je me suis souvenu, qu'à chacun de vous j'ai donné sa tâche.

VICTOR. Quel intérêt prenez-vous donc à tout ceci?... L'accusé vous est donc connu? Quel est-il? parlez, monsieur!

GEORGES. Parlez!...

VICTOR. Qui dois-je accuser?

GEORGES. Qui dois-je défendre?

La porte du fond s'est ouverte et Madeleine paraît, soutenue par André; derrière elle une foule de paysans.

LAMBERT. Regardez!...

GEORGES *et* VICTOR. Madeleine!

MADAME DE FRANCHEVILLE. Ah!

SCÈNE V.

LES MÊMES, MADELEINE, ANDRÉ.

LAMBERT, *avec joie, en regardant Georges.* Il ne savait rien!

VICTOR. Madeleine!... oh! je suis fou!...

LAMBERT, *retenant Madeleine qui allait courir à Victor, à demi-voix.* Songez à ce que vous m'avez promis... un seul mot détruirait à l'avance ce qu'on m'a permis de tenter.

La porte se referme derrière Madeleine et André.

GEORGES, *à part.* Vivante encore!

VICTOR. C'est bien elle !

LAMBERT. Oui... c'est Madeleine qu'un jugement inique a frappée! Madeleine à qui Dieu a rendu la raison... à qui les hommes vont rendre l'honneur !...

MADAME DE FRANCHEVILLE. Oh! je ne puis supporter sa vue!

GEORGES. Éloignez-vous!

LAMBERT, *la retenant du regard seulement.* Demeurez, madame... votre témoignage pourra venir en aide à la défense.

VICTOR. Madeleine devant moi! Madeleine que j'ai tant pleurée... et c'est elle qu'on veut que j'accuse... (*Il reprend le dossier et regarde s'il est bien possible que ce soit Madeleine qu'il ait à accuser.*) Oh! c'est impossible !... si vous l'avez amenée ici, monsieur Lambert, c'est qu'elle peut se justifier.

MADELEINE, *tombant à genoux.* Oh! je suis innocente, Victor! innocente !...

VICTOR, *la relevant.* Et cette fois, tu n'es pas en délire!... et cette fois tu me donneras les preuves de cette innocence... à laquelle mon cœur croit déjà!

LAMBERT, *se plaçant entre Victor et Madeleine, qu'il relève.* Monsieur de Francheville, Madeleine est accusée... elle est devant son juge et prête à répondre.

VICTOR. Son juge... moi!...

LAMBERT. Voulez-vous laisser à un autre la noble mission d'arracher Madeleine à l'infamie qui l'enveloppe encore ? voulez-vous donc qu'une autre voix que la vôtre la proclame innocente et martyre ?

VICTOR. Non... non, monsieur Lambert!... vous avez raison ! cette tâche, qui m'épouvantait, je l'accepte à présent... le ciel me donnera la force de la remplir...

LAMBERT, *à Georges.* Et vous, monsieur, acceptez-vous ?

GEORGES, *à part.* Hésiter maintenant serait une faute. (*Haut.*) Monsieur Lambert, en combattant l'amour de cette infortunée... j'ai bien involontairement causé son malheur, et je trouve dans cette pensée un motif de plus pour me vouer à sa défense.

MADAME DE FRANCHEVILLE, *bas.* Quoi! vous oserez !

GEORGES, *bas.* Silence, madame.

VICTOR, *à part.* O mon cœur! ne bas pas si vite! ô ma raison, ne m'abandonne pas ! (*Haut, après s'être assis.*) Madeleine! ainsi que l'a dit monsieur Lambert, ne voyez plus en moi qu'un juge... et, avant de paraître devant le tribunal, répondez à ce juge comme vous répondriez à Dieu !... (*Moment de silence.*) Il y a deux ans, quand je vous interrogeais avec des prières et des larmes, votre raison était perdue... Mon fils est mort, me disiez-vous... mort!... notre pauvre enfant !...

Il s'arrête pour étouffer un sanglot Madeleine fait un mouvement et va répondre, le curé lui saisit vivement la main.

LAMBERT, *bas.* Madeleine, soyez prudente...

VICTOR, *continuant.* Dans votre délire, vous parliez de meurtre... Mais vos paroles vagues et insensées n'expliquaient rien...ne précisaient rien. Aujourd'hui, si vous avez bravé l'arrêt qui vous a frappée par contumace, si vous venez vous remettre en présence des magistrats, c'est que vous avez une lumière nouvelle à faire briller à leurs yeux... si vous venez leur dire : « Je suis innocente, » c'est que vous pouvez aujourd'hui leur en donner la preuve. Parlez, Madeleine, parlez... votre juge et votre avocat vous écoutent.

LAMBERT, *bas, à Madeleine.* Du courage, ma fille; cette épreuve sera la dernière.

GEORGES, *à part.* Que va-t-elle dire?

MADAME DE FRANCHEVILLE, *à part.* Je tremble.

MADELEINE, *qui a rassemblé ses forces.* Le soir de votre arrivée... certaine, d'après ce que m'avait dit André, que vous m'aimiez toujours, je résolus d'aller au château; je voulais mettre notre fils sous votre protection, notre fils dont ce soir-là même on devait me séparer... Arrivée au milieu du sentier des Bruyères... j'entends marcher derrière moi... Un homme me suivait... je hâte ma marche... il presse la sienne... Mon cœur battait d'effroi... bientôt les forces me manquent... Je m'arrête... l'homme qui me suivait s'arrête aussi... Je me retourne... A la clarté de la lune, je m'aperçois que la figure de cet homme est enveloppée d'une étoffe noire... Je jette un cri d'effroi, et tandis que d'une main il me ferme la bouche... de l'autre il veut m'arracher mon enfant... Alors commence une lutte horrible; le danger m'avait rendu mes forces... j'avais ce courage du désespoir que Dieu donne aux mères; je défendais mon enfant... La mante dans laquelle il était enveloppé se déchire, un coup violent me renverse... Je tombai... je n'y voyais plus... je n'entendais plus... Combien de temps suis-je restée ainsi, je l'ignore... Quand je revins à moi, j'étais folle.

Pendant ce récit, le curé et André n'ont pas quitté Georges des yeux.

ANDRÉ, *bas, au curé.* Il n'a pas bougé.

LAMBERT, *bas, en lui montrant la baronne qui défaille.* Non, mais regarde la baronne.

VICTOR. Et cet homme... ce misérable, quel était-il?

MADELEINE. Je l'ignore...

VICTOR. Eh quoi!... nul indice?...

MADELEINE. Sa figure était voilée... et il n'a pas prononcé une parole.

GEORGES, *à part.* Bien!...

LAMBERT, *à Georges.* Eh bien, que pensez-vous de cela, monsieur?...

GEORGES. Monsieur Lambert, et vous, Madeleine, pardonnez-moi; je vais en apparence, pauvre enfant, vous accuser un moment... mais ce ne sera, je l'espère, que pour mieux vous défendre. Est-ce donc là, Madeleine, tout ce que vous avez à nous apprendre?... Je veux bien ajouter foi à ce que vous dites... mais ce récit est bien étrange... On vous a pris votre enfant, vous l'affirmez, et vous ne pouvez donner aucun indice... où cherchera-t-on le coupable? Les juges qui vous interrogeront diront sans doute : « Pour croire à son existence, il faudrait au moins lui supposer un but; » et quel autre que vous, Madeleine, avait intérêt à faire disparaître votre enfant?

LAMBERT. Je vais vous le dire, monsieur.

GEORGES. Vous!

LAMBERT. Dans la maison d'arrêt de Toulouse, où j'avais accompagné Madeleine... un homme est venu à moi et s'est jeté à mes pieds. « J'ai commis une faute, j'en subirai la peine, « m'a-t-il dit; mais il est de plus grands « coupables que moi et qui ne doivent pas non « plus rester impunis. » Cet homme, c'est Baptiste Roussel.

GEORGES, *avec effroi.* Baptiste!

ANDRÉ, *à part.* Ah! il se trouble!

LAMBERT. Il m'a remis, en présence d'André, ce portefeuille.

GEORGES, *à part.* Le mien!

LAMBERT. Donnez cela, ajouta-t-il, aux juges de Madeleine... ne craignez plus pour elle et priez pour moi.

GEORGES. Ce portefeuille...

LAMBERT. Ouvrez-le, monsieur de Francheville.

VICTOR. Donnez, donnez.

Il ouvre le portefeuille.

GEORGES, *à Lambert.* Monsieur, j'expliquerai le véritable sens des lettres et de l'acte contenus dans ce portefeuille.

LAMBERT. Pourquoi vous défendre, monsieur? je ne vous accuse pas.

VICTOR, *lisant.* « L'acte que vous exigez de « moi, Georges, le voici. Puisse le châtiment « de ce que vous avez fait ne retomber que sur « vous! Ma fille est souffrante; on dirait que « Dieu, dans sa justice, veut venger Madeleine.

« CAROLINE DE FRANCHEVILLE. »

MADAME DE FRANCHEVILLE, *à part.* Grand Dieu!...

GEORGES, *bas.* Laissez-moi répondre à tout.

VICTOR. « 15 octobre 1786. »

LAMBERT. Un mois après la disparition de l'enfant de Madeleine.

MADAME DE FRANCHEVILLE, *à part.* Je me sens mourir.

VICTOR, *regardant Georges et madame de Francheville.* O mon Dieu!...

LAMBERT. Lisez l'acte maintenant.

VICTOR, *haut.* « En reconnaissance d'un « éminent service à moi rendu par monsieur « Georges Landier, mon parent, je m'engage « à lui donner ma main et à partager avec lui « la fortune qui doit me revenir à la mort de « Victor de Francheville. »

Oh! je comprends tout maintenant!... (*Au curé en désignant Georges.*) N'est-ce pas lui qui a voulu tromper Madeleine... N'est-ce pas Caroline Dubelloy, car je ne veux plus l'appeler du nom de mon père, n'est-ce pas cette femme qui repoussait pour moi toute pensée d'alliance, pour mieux s'assurer mon héritage! Et quand ils ont vu que par mon mariage avec Madeleine tout espoir leur était enlevé, ils ont voulu l'empêcher à tout prix, ils n'ont pas reculé devant un crime!... Et je t'accusais, toi, pauvre mère!... et on t'a flétrie, condamnée... Oh! relève la tête, noble martyre! la honte qu'ils t'avaient jetée au front retombera sur eux!... Je te vengerai, Madeleine, je vengerai ton enfant, car les bourreaux de notre fils, les voilà! les voilà!

MADAME DE FRANCHEVILLE, *échappant à Georges qui lui a saisi la main et cherche à l'empêcher de parler.* Laissez-moi! laissez-moi!... Ah! Victor...

GEORGES. Arrêtez!

MADAME DE FRANCHEVILLE, *tombant à genoux entre Victor et Madeleine.* Maudissez-moi tous les deux, mais ne m'accusez pas de meurtre!... Entraînée, égarée par cet homme, j'ai consenti à ce qu'il assurât à ma fille la fortune des Francheville... C'est lui, Madeleine, lui qui t'a pris ton enfant... mais il ne l'a pas tué.

VICTOR. Il existerait?

MADAME DE FRANCHEVILLE. Il ne l'a pas tué, je vous le jure!

LAMBERT. Comment le savez-vous?

MADAME DE FRANCHEVILLE. Moi! ah! ce n'est pas moi qu'il faut interroger.

VICTOR, *à Georges.* Qu'as-tu fait [illegible] enfant, misérable? qu'en as-tu fait?

Mouvement de Madeleine.

MADELEINE. Victor!

LAMBERT, *bas.* Laissez-le répondre!

André remonte [illegible]

GEORGES. Je donnerai, quand il [illegible] temps, telles explications qui justifie[illegible] conduite. Oui, j'ai dû empêcher votre mariage, Victor, j'ai dû faire disparaître cet enfant, briser ainsi le lien qui vous unissait [illegible] deleine.

VICTOR. Cet enfant, où est-il?

GEORGES. Il a été déposé par [illegible] l'hospice de Toulouse.

Mouvement marqué de Lambert, André [illegible] Madeleine.

GEORGES. Mais, dans ma précip[illegible] n'ai rempli, je l'avoue, aucune [illegible] qui pouvaient aider à le faire [illegible]

Victor se rapproche de [illegible]

LAMBERT, *avec intention.* Ainsi, [illegible] clarez avoir pris à Madeleine son enfant [illegible] conduisait au château des Bruyères.

GEORGES. Sans doute. Mais [illegible] pête, j'ai porté cet enfant à Toulouse.

MADELEINE, *s'élançant vers lui.* [illegible] misérable! tu mens!

MADAME DE FRANCHEVILLE. Lui [illegible] impossible.

MADELEINE. Ah! je puis parler [illegible] es tombé dans le [illegible] présent, Victor, je [illegible] plus notre fils. André [illegible]

VICTOR. Sauvé?

MADELEINE. Oui, [illegible] dans l'abîme de B[illegible] tre enfant! c'est dans l'[illegible] trouvé!

MADAME DE FRANC[illegible]

GEORGES. Oh! je [illegible]

ANDRÉ. [illegible] tion à M. le pré[illegible] été prouvée. [illegible] justification de Made[illegible] le coupable. [illegible] nous avons mis [illegible]

VICTOR. Infâme!...

MADELEINE, *soutenant* [illegible] Victor!

VICTOR, *à André et à Madeleine.* [illegible] rez-vous. (*A Madeleine.*) [illegible] amour, Dieu me rend à la [illegible] c'est publiquement que tu as [illegible] publiquement que tu seras réha[illegible]

ANDRÉ. Et ça va se faire tout [illegible] *à la porte du fond et l'ouvrant* [illegible] trez, vous autres.

Tous les paysans du quatrième acte [illegible] compagné Madeleine et qui attendaient [illegible] entrent en scène.

VICTOR. Mes amis, Madeleine [illegible]

TOUS, *avec joie.* [illegible]

VICTOR. Aujourd'hui [illegible] femme; demain je [illegible] public Demain, Georges [illegible] rai devant vos juges.

GEORGES, *à part.* Demain! [illegible] rien à craindre...

LAMBERT. Demain, j'attendrai [illegible] à l'autel!

ANDRÉ. Je vais chercher le p[illegible]

André prend l'enfant qu'un paysan [illegible] coulisse; il l'apporte dans ses bras [illegible] entre Victor et Madeleine. Victor [illegible] de baisers.

TABLEAU.

NOTA. — Toutes les indications de droite et de gauche sont prises du point de vue du spectateur.

FIN.

Paris. — Typographie Walder, rue Bonaparte, 44.